AF363733

LEÇONS

DE

GÉOGRAPHIE

ANCIENNE ET MODERNE,

ABRÉGÉES

D'UNE FORME NOUVELLE,

PROPRES A L'ÉDUCATION

Des Jeunes-Gens de l'un & de l'autre Sexe ;

Par M. l'Abbé MORIN.

SECONDE ÉDITION,

Rédigée fur les derniers Traités de Paix &
de Commerce de 1783 & 1784, & fur les
obfervations du Capitaine Cook.

Prix , 1 liv. 10 f. relié en parchemin.

A PARIS,

Chez NYON le jeune , place des Quatre-
Nations, à Sainte-Monique.

M. DCC. LXXXV.

Avec Approbation & Privilége du Roi.

AVANT-PROPOS.

LA vanité d'un Conquérant, qui régna en Egypte sous le nom de Sesostris, plus de 1400 ans avant J. C., jetta les premiers fondemens de la Géographie. Au retour de son expédition en Asie, il fit gràver, sur une table de cuivre, la carte des pays qu'il avoit soumis à ses armes. Les Grecs avides de connoissances, accueillirent & cultiverent ces premiers commencemens : Aristote découvrit la figure approchée de la terre : les conquêtes d'Alexandre, & ensuite celles des Romains reculerent un peu les limites de sa surface. Enfin, toutes les nations policées se réunirent pour accélérer les progrès d'une science qui devoit aggrandir le domaine physique & moral de l'homme. Inutiles efforts ! on manquoit encore de guide sur les mers, & sur la terre on n'avoit pas les moyens nécessaires pour y fixer la position des lieux à mesure qu'on les découvroit. Ce globe, qui n'est qu'un grain de sable dans l'Univers, est d'une étendue immense par rapport à l'homme. Quelque situation avantageuse qu'il prenne pour découvrir au loin, il ne sauroit embrasser d'un coup d'œil, que la cinq cent millieme partie, environ, de sa surface totale. Ce n'est donc que dans le ciel que le Géographe peut voir, comme dans un miroir concave dont il occupe le foyer, la position relative des lieux que de longs intervalles séparent sur la terre ; ce n'est que dans le ciel qu'il peut lire les véritables mesures de ces intervalles.

Enfin, la boussole parut au commencement du 15ᵉ siecle, & Galilée inventa le télescope. A cette double époque, la Géographie prit véritablement son essor, & ses progrès furent aussi sûrs que rapides. Cependant il s'en faut beaucoup qu'elle soit encore arrivée au degré de perfection dont elle est susceptible. Les moyens de perfectibilité sont connus depuis long-tems ; mais il n'est pas toujours en notre pouvoir de les mettre en uſage : & ſans parler des terres dont les glaces du nord & du midi nous interdiſent l'approche , mille diffi-cultés tirées des circonſtances, des lieux ou du tems , n'ont pas permis de multiplier aſſez les obſervations aſtronomiques, dans les parties même les plus fréquentées, pour y fixer la poſition encore douteuſe ou incer-taine d'une infinité de points.

Mon deſſein n'eſt pas de faire une énumération complette de tous les lieux connus ſur la ſurface de la terre. Il exiſte pluſieurs ouvrages ex-cellens en ce genre, qui ſont faits pour être conſultés ; celui-ci eſt deſ-tiné à faire partie des études des jeunes-gens. J'ai dû, par conſéquent, me reſſerrer dans des bornes propor-tionnées au tems & à la mémoire, & telles qu'il convenoit à des écoliers qui veulent acquérir une idée ſuffi-ſante du globe, & lire avec fruit les poëtes & les hiſtoriens anciens & modernes qu'ils ont entre les mains. J'ai dû indiquer un village, un hameau connu par une bataille, une manufacture, une production renommée, de préférence à une ville qui n'est connue que par son nom. Persuadé, d'ailleurs, que l'étude de la Géographie ne consiste point à caser dans sa mémoire quelques centaines de noms de villes plus ou moins, mais plutôt à saisir l'esprit de la chose, & à concevoir les principes élémentaires qui l'élevent au rang des Sciences, j'ai mis toute mon application à présenter d'abord ces mêmes principes dans l'ordre qui m'a paru le plus naturel, & de la maniere la plus sensible. J'en ai trop dit, sans doute, pour des personnes d'une réflexion mûre; ce n'est pas pour celles-là que j'écris. Je n'ai rien à leur apprendre. Je n'ai eu en vue que des jeunes-gens de dix à quinze ans, que l'on prépare à l'étude de l'Hstoire par celle de la Géographie, & dont l'esprit peu exercé à comparer des idées, ne suit qu'avec quelque peine la chaîne des conséquences qui découlent des rapports qu'elles ont en-

tr'elles. En leur développant les différens points de la correfpondance
qu'on a établie entre le ciel & la
terre pour arriver à la connoiffance
de celle-ci, mon but a été de les
rendre Géographes & de leur épar-
gner, tout-à-la-fois, une partie des
détails fatigans & ennuyeux qu'ils
apprendront d'ailleurs avec plus d'in-
térêt à la fuite de l'Hiftorien de
chaque Nation. Pour leur fournir
une occafion d'éprouver leur mémoire, & pour être plus court, je
me fuis abftenu de leur répéter,
d'après ces mêmes Hiftoriens, ce
qui a rendu Rifwick, Coutras, la
plaine de Marfaille & autres lieux,
célèbres ou remarquables.

Quelques perfonnes ont defiré que
je joigniffe des cartes à cet Abrégé.
Mais je les prie de confidérer que
les petites cartes ne font du tout
point ce qui convient aux commen-
çans, & que les cartes de MM. de
Lifle & Buache, pour la Géographie
ancienne & moderne, réuniffent l'e-
xactitude à la grandeur & à la netteté
qui leur font néceffaires.

EXPLICATION

De quelques termes employés dans ces Leçons.

1°. **S**ECTION, terme de Géométrie formé du latin *secare*, qui signifie *couper*.

2°. Un *Plan* est une surface plane. Tels sont les deux Cercles qui résultent de la Section d'une boule par un de ses diametres : telle est encore la surface d'une table bien unie.

3°. *Parallele* : deux lignes sont dites paralleles l'une à l'autre, lorsqu'elles sont à égales distances l'une de l'autre dans toute leur longueur ; tels sont, communément, les bords opposés d'une table de quatre côtés ; telles sont encore les deux rangées d'arbres qui bordent une allée.

4°. *Horifontale* ; une ligne est dite *horifontale*, lorsqu'elle est parallele, ou de niveau à l'horifon ; telle est la surface d'une masse d'eau qui repose tranquillement dans un baffin ; telle est encore, la surface d'une table sur laquelle reposeroit une balle bien ronde.

5°. *Perpendiculaire* ; une ligne est dite perpendiculaire à une autre, lorsqu'elle rencontre cette autre sans pencher plus d'un côté que de l'autre. Telle est la ligne d'aplomb par rapport à la surface de l'eau qui repose dans un baffin.

6°. *Angle droit* ; un angle est formé par la rencontre de deux lignes ou de deux plans : si les lignes ou les plans qui se rencontrent, sont perpendiculaires l'un à l'autre, l'angle, qui en résulte, est un angle ; droit tels sont les angles d'une table de quatre côtés. Les angles d'une table *pentagone* ou de cinq côtés ; *exagone* ou de six côtés ; *octogone* ou de huit côtés, sont plus grands ou plus ouverts que les angles droits, & on les appelle *obtus*. Les angles d'une table *triangulaire* ou de trois côtés, sont plus petits que les angles droits, & on les appelle *aigus*.

7°. *Concentrique* ; on donne ce nom à plusieurs Cercles qui ont un centre commun, par opposition à *excentrique* qui signifie tout le contraire.

8°. *Arc de Cercle* ; on appelle ainsi toute partie plus ou moins grande de la circonférence d'un Cercle.

LEÇONS

LEÇONS
DE
GÉOGRAPHIE.

PREMIERE PARTIE.

LA Géographié (*a*) eſt une ſcience qui nous apprend à connoître la ſituation relative des peuples qui habitent la ſur- face de la terre, des montagnes, des mers, des lacs, & des rivieres qui les ſéparent.

(*a*) Géographie, du grec Γῆ, *ghé*, la terre; & Γράφω, *grapho*, je décris.

La Topographie, du grec τοπος, *topos*, lieu, eſt la deſcription d'un lieu particulier, d'une Province, d'un Royaume.

L'Hydrographie, du grec, ὕδωρ, *udor*, l'eau, eſt la deſcription des eaux.

La Coſmographie, du grec Κοσμος, *coſmos*, le monde, eſt la deſcription du monde entier.

A

Il eſt de fait qu'on ne ſauroit acquérir qu'une idée très imparfaite de cette ſcience, ſi la connoiſſance de la *Sphère artificielle*, de la Sphère que l'on nomme le *Globe*, & de la conſtruction de la *Mappe-monde* ne la précéde dans notre eſprit. Ces notions préliminaires doivent donc fixer d'abord toute notre attention.

I.

De la Sphère artificielle, du Globe,
& de la conſtruction de la Mappe-monde.

1. L'art a inventé la *Sphère artificielle (a)* pour repréſenter les mouvemens apparens de la Sphère naturelle, c'eſt-à-dire, des aſtres qui paroiſſent décrire journellement des cercles autour de la terre : il a inventé le *Globe*, pour y repréſenter la ſituation relative des différentes parties de la ſurface de celui que nous habitons, & la *Mappe-monde (b)*, pour découvrir toutes ces mêmes parties, d'un ſeul coup d'œil.

2. Accoutumés à ne juger que ſur le rapport de leurs ſens, les jeunes-gens

---

(a) Sphère, du grec Σφαῖρα, *Sphaira*, *boule*. On l'appelle encore Sphère *armillaire*, du latin *armilla*, anneau ; ou même encore Sphère de *Ptolomée*, du nom de ſon inventeur.

(b) Mappe-monde, du latin *Mappa mundi*, table du monde.

conçoivent difficilement , & ne reçoivent même qu'avec une forte de méfiance , l'idée de la rondeur de la terre ; néanmoins ils fe rendent communément aux preuves les plus familieres qui atteftent cette vérité , & que l'on tire de la figure de l'ombre de la terre dans les éclipfes de lune , & de ce que l'on obferve tous les jours, dans un port de mer, fur les vaiffeaux que l'on voit s'éloigner & difparoître peu-à-peu.

3. Mais à peine a-t-on levé cette difficulté, que de la folution même de celle-ci, il en naît une autre plus grave, je veux parler de l'exiftence des antipodes (a). On appelle *antipodes* , les peuples qui , par rapport à un autre , habitent une partie de la terre diamétralement oppofée : les habitans du Chili , par exemple , font les antipodes des Chinois , & réciproquement.

4. Si la terre eft ronde, difent les jeunesgens, tous fes habitans ne marchent pas fur un même plan : ils font fitués , les uns à l'égard des autres, comme des épingles que l'on planteroit perpendiculairement fur la furface d'une boule , (ce qui eft très-

---

(*a*) Antipodes, de la prépofition grecque ἀντί, *anti* , contre , oppofé à ; & du nom πὖς , ποδὸς , *pous* , *podos* , pied.

vrai) ; mais , ajoutent-ils , comment concevoir que ceux qui font *deſſous* & *renverſés* ne tombent point , & marchent ſur la terre comme ceux qui ſont *deſſus* & *debout* ? Expliquons les mots , & la difficulté diſparoîtra.

5. Quand nous conſidérons un corps iſolé de la maſſe de la terre , nous employons les mots *deſſus* & *deſſous* pour diſtinguer la ſurface qui regarde le ciel de celle qui eſt tournée du côté de la terre ; mais quand il s'agit de la terre , il n'y a plus de *deſſous* ; tous les points de ſa ſurface unique regardent le ciel qui l'environne de toutes parts : ainſi , quoique nous ſoyons tous renverſés les uns par rapport aux autres , nos antipodes ſont *debout* & *deſſus* la terre qu'ils preſſent de leurs pieds tout comme nous , en vertu de la peſanteur qui les attache à ſa ſurface , & qui fait tomber tous les corps qui ne ſont point ſoutenus , du ciel en terre.

6. Pour concevoir à préſent , comment on a pu repréſenter à la fois , toutes les parties de la ſurface du Globe ſur une même ſurface plane , ou , ce qui eſt la même choſe , ſur la Mappe-monde , il faut ſe figurer que le Globe eſt compoſé de deux hémiſphères (*a*) tranſparens , liés

---

(*a*) Hémiſphère , du grec Ημισυς , *emiſſous* , moitié de *Sphere*.

enſemble par une petite charniere ; mettre entre deux un double carton auſſi tranſparent, comme on mettroit un double papier dans un livre ; & imaginer enfin que tous les points de la ſurface convexe (*a*) de chaque hémiſphère paſſent ſur la ſurface reſpective du carton dans le même ordre qu'un œil placé à la ſurface convexe oppoſée les rapporteroit ſur ce carton. Tel eſt le principe de la conſtruction de la Mappemonde ſur laquelle les différentes parties du Globe doivent néceſſairement paroître un peu altérées & défigurées. Or, ce principe a été réduit en art, comme nous le verrons au chiffre 36. Revenons à la Sphère artificielle, que nous ne nommerons plus dorénavant que la Sphère.

I I.

7. La Sphère eſt compoſée de dix cercles, ſix *grands* & quatre *petits*, que l'on diviſe, indiſtinctement, en 360 parties égales qu'on nomme *degrés*, chaque degré en 60 *minutes*, d'étendue.

8. Les grands cercles ſont ceux qui coupent, ou plutôt, qui couperoient la Sphère en deux parties égales, s'ils n'étoient pas évidés, ou percés à jour : tels ſont

---

(*a*) Convexe, terme d'Optique oppoſé à concave, lequel ſignifie *creux en dedans*.

A iij

l'*Equateur*, l'*Horifon*, le *Méridien*, le *Zodiaque*, fur lequel on a décrit l'*Ecliptique*, & les deux *Colures*. L'ufage de ces deux derniers fe borne à fervir d'appui aux autres.

9. Les petits cercles font ceux qui coupent la Sphère en deux parties plus ou moins inégales ; tels font les cercles *Polaires Arĉtique* & *Antarĉtique*, les *Tropiques du Cancer* & du *Capricorne*. Voyez la Sphère.

10. Chacun de ces cercles a fon *axe*, & chaque axe a fes *poles*. L'axe d'un cercle eſt une ligne droite que l'on conçoit paſſer par le centre de ce cercle perpendiculairement à fon plan. Les deux extrémités de l'axe s'appellent fes poles (*a*). Tels font les deux pivots fur lefquels tournent les roues d'une montre.

11. Les deux cercles Polaires, les deux Tropiques, l'Equateur, & la Terre repréfentée au centre par une petite boule, ont un axe commun que l'on appelle l'*axe de la Sphère*, par excellence ; parce que toute la machine tourne fur cet axe principal. Les poles de cet axe font auſſi les *poles de la Sphère* par excellence, & on les nomme,

---

(*a*) Pole, du grec ϖόλος, *Polos*, en latin *cardo*, gond ou pivot, ou de ϖολέω, *poleo*, je tourne.

l'un, le *Pole Arctique* (*a*) ou le *Pole du Nord*; & l'autre, le *Pole Antarctique* (*b*) ou le *Pole du Sud*. Ces dénominations de pole du *Nord* & de pole du *Sud*, viennent de deux points appelés le *Nord* ou le *Septentrion*, & le *Sud* ou le *Midi*, que l'on marque fur l'Horifon, l'un du côté du pole arctique, & l'autre du côté du pole oppofé. Ces deux points font déterminés par l'interfection du Méridien avec l'Horifon, & ne doivent pas être confondus avec les poles qui empruntent leur nom.

12. On marque encore fur l'Horifon, à égales diftances du Nord & du Sud, deux autres points appelés l'*Eft* & l'*Oueft*, ou l'*Orient* & l'*Occident* (*c*), & ce font les poles du Méridien. Pour ce qui eft des poles de l'Horifon, ils n'ont point de place dans la Sphère ; mais l'un eft cenfé répondre au point le plus élevé du Méridien ; & c'eft le *Zenith*; l'autre, au point le plus bas du même cercle, & c'eft le *Nadir*. Ces deux points font ainfi nommés de deux noms arabes.

─────────────

(*a*) Arctique, de la conftellation de l'Ourfe, fituée vers ce Pole, appellée en grec ἄρχτος, *arctos*.

(*b*) Antarctique, du grec ἀντὶ, *anti*, en latin *contra*, contre, ou oppofé à l'Arctique.

(*c*) Orient, du latin *oriri*, naître, paroître. Occident, du latin *occidere*, tomber.

13. Le *Nord*, le *Sud*, l'*Eſt* & l'*Oueſt*, ſont connus ſous la dénomination commune des *quatre points cardinaux* de la Sphère. Il eſt très-utile, je dirois preſque néceſſaire de ſavoir les reconnoître dans la Sphère naturelle, ce qui s'appelle s'*orienter*. A la campagne, il n'y a rien de plus aiſé : la perſonne qui regarde le ſoleil à midi, a le ſud devant elle, le nord derriere, l'orient à ſa gauche, & l'occident à ſa droite ; c'eſt tout le contraire ſi elle regarde le pole du nord auprès duquel ſe trouve l'étoile polaire. Dans ſa chambre, on peut ſe ſervir d'une bouſſole dont la déclinaiſon eſt connue, ſi on n'a pas d'autre moyen (*a*).

III.

De l'Equateur.

14. L'Equateur ou l'Equinoxial eſt appelé de ce nom du latin *æquare*, égaler, parce que lorſque le ſoleil ſemble parcourir ce cercle dans le ciel, par ſon mouvement journalier, le jour eſt égal à la nuit, ou, ce qui eſt la même choſe, il y a *équinoxe* (*b*) ; ce qui arrive vers le 21 de Mars, c'eſt l'*Equinoxe du Printems* ; & vers

---

(*a*) L'aiguille aimantée décline aujourd'hui de 19 à 20 degrés du nord à l'oueſt.

(*b*) Équinoxe, du latin *æquus*, égal, *nox*, nuit.

le 23 Septembre, c'eſt l'*Equinoxe d'Automne.*

15. Imaginons à préſent que cet Equateur
céleſte ſoit armé d'un ſtyle qui touche à la
petite boule qui occupe le centre de la
Sphère, & qu'il faſſe une révolution entiere ſur ſon axe; (ſuppoſition que nous
faiſons ici pour tous les autres cas ſemblables), la pointe du ſtyle décrira ſur la
ſurface de la terre, repréſentée par la petite
boule, un cercle concentrique au premier,
que nous pourrons appeller l'*Equateur
terreſtre*, & qui diviſera la Terre en deux
parties égales, comme l'Equateur céleſte
diviſe la Sphère en deux hémiſphères
égaux, l'un *Septentrional*, du côté du pole
du nord, & l'autre *Méridional*, du côté du
pole du ſud.

16. Sur le Globe, comme dans la
Mappe-monde, on eſt convenu de nommer
l'Equateur terreſtre, la *Ligne Equinoxiale*,
ou même ſimplement la *Ligne*, parce qu'ef-
fectivement, dans la Mappe monde, la
courbure de ce cercle diſparoît totalement.
D'ailleurs il eſt évident que les poles de la
Ligne répondent aux poles de la Sphère,
comme la *Ligne* répond à l'Equateur. Dans
la Mappe-monde, ces poles reſtent toujours
confondus avec les deux points cardinaux
Nord & *Sud*, celui-là toujours en haut,
celui-ci toujours en bas, & par conſé-

quent (13) l'Eſt toujours à la droite , &
l'Oueſt toujours à la gauche de la perſonne
qui la regarde.

IV.

De l'Horiſon.

17. On diſtingue deux ſortes d'*Horiſon* ;
l'un purement *rationel* ou *intellectuel* ,
comme le ſont tous les autres cercles de la
Sphère naturelle, repréſentés dans la Sphère
artificielle par des cercles de carton ou de
cuivre; l'autre *viſuel* ou *ſenſible*.

18. L'Horiſon rationel coupe la Sphère
& le Globe en deux hémiſphères égaux ,
l'un *ſupérieur* & l'autre *inférieur*. Ce cercle
ſert, dans la Sphère, à marquer le lever &
le coucher des aſtres ; il détermine encore
la longueur du jour & de la nuit, abſtraction
faite du crépuſcule qui ne commence & ne
finit que lorſque le ſoleil eſt à 18 degrés
perpendiculairement au-deſſous de l'Horiſon.

19. L'Horiſon viſuel (*a*) n'appartient
qu'à la Sphère naturelle, & n'eſt autre
choſe que ce cercle ſenſible qui borne
notre vue autour de nous, & où le ciel &
la terre ſemblent ſe toucher quand nous

______

(*a*) Horiſon , du grec ὁρίζω , *orizo* , en latin
finio , je termine.

fommes en rafe campagne. En pleine mer, quand l'œil eſt à vingt pieds de hauteur, ce cercle s'étend à une lieue de diſtance autour de lui. D'ailleurs, l'axe de l'Horiſon viſuel n'eſt pas diſtinct de celui de l'Horiſon rationel, parce que, dans la Sphère naturelle, ces deux cercles font toujours paralleles.

20. On conçoit aiſément qu'on ne ſauroit aller de l'eſt à l'oueſt, ou du nord au ſud, ſans changer d'Horiſon, ſoit rationel, ſoit ſenſible. En effet, notre zenith & le centre du cercle qui borne notre vue autour de nous, ſe déplacent toujours avec nous. Il n'y a donc pas deux villes, ſur la ſurface de la terre, qui aient le même Horiſon : il n'étoit donc pas poſſible de repréſenter ce cercle dans la Mappe-monde. Il n'en eſt pas de même dans la Sphère & dans le Globe où ce cercle, quoiqu'unique, ſe multiplie, en quelque ſorte, par la mobilité de l'une & de l'autre, autant de fois qu'il y a de points ſur la ſurface du Globe. De-là naiſſent, par rapport à l'Equateur, trois différentes poſitions de la Sphère, connues ſous les noms, 1°. de *Sphère droite*, lorſque l'Equateur & l'Horiſon ſe coupent à angles droits; 2°. de *Sphère oblique*, lorſque l'Equateur eſt oblique à l'Horiſon ; 3°. de *Sphère parallele*, lorſque l'Equateur eſt parallele à l'Horiſon.

A vj

21. Dans la premiere position, les Poles de la Sphère se confondent avec les points cardinaux Nord & Sud : les jours sont égaux entr'eux & égaux aux nuits, & le crépuscule est d'une heure douze minutes, pendant toute l'année.

22. Dans la seconde, le crépuscule est d'autant plus long, & les jours d'été l'emportent d'autant plus sur les jours d'hiver, que la Sphère est plus oblique ; les jours d'été sont égaux aux nuits d'hiver & réciproquement ; les jours ne sont égaux aux nuits qu'aux équinoxes, & l'un des Poles est plus ou moins élevé sur l'Horison, tandis que l'autre reste constamment abaissé de la même quantité. Cette quantité, dont l'un des Poles est plus ou moins élevé sur l'Horison, se nomme la *Hauteur du Pole*, & se mesure par l'arc du Méridien compris entre ce Pole & l'Horison. Cet arc, qui, à Paris, n'est que de 48° 50′, est de 59° 56′, à Saint-Peterfbourg.

23. Dans la troisième, les Poles de la Sphère se confondent avec le zenith & le nadir, l'année n'est composée que d'un jour & d'une nuit, l'un & l'autre de six mois, & le crépuscule de deux mois environ.

24. Ceux pour qui ces réfultats pourroient être difficiles à saisir, remarqueront, 1°. que puisque le soleil fait une révolution entiere de 360 degrés, autour de la

terre, en 24 heures de temps, il doit être une heure à parcourir 15 degrés; 2°. que la longueur du jour, dans les différentes positions de la Sphère, & dans les différentes saisons de l'année, est toujours représentée par la longueur de l'arc de l'Equateur ou des Tropiques qui est au-dessus de l'Horison, & que la longueur de la nuit est représentée par la partie du même arc qui est au-dessous : c'est pour cette raison qu'on appelle le premier l'*Arc diurne*, & le second l'*Arc nocturne*.

V.

Du Méridien.

25. Dans la Sphère, comme dans le Globe, le *Méridien* est un cercle qui, passant par le zenith & le nadir, va du pole du nord au pole du midi, & divise la Sphère & le Globe en deux hémisphères, l'un *Oriental* & l'autre *Occidental*. On l'appelle Méridien (*a*), parce qu'il est midi pour tous les peuples qui font fous la partie supérieure de ce cercle lorsque le soleil y arrive par son mouvement journalier : dans

----

(*a*) Méridien, du latin *meridies*, moitié du jour ou midi.

le même inſtant, il eſt minuit pour tous ceux qui ſont ſous la partie inférieure du même cercle.

26. De la poſition du Méridien il ſuit, qu'on peut aller d'un pole du monde à l'autre ſans changer de Méridien; au lieu qu'on ne ſauroit, pour ainſi dire, faire un pas d'orient en occident ou en ſens contraire, ſans en changer; d'où l'on voit qu'il y a vraiment autant de Méridiens céleſtes & terreſtres, qu'il y a de degrés ſur l'Equateur & ſur la Ligne. Néanmoins, pour éviter la confuſion, on ne les marque que de dix en dix ſur la ſurface du Globe & de la Mappe-monde, & on les compte ſur la Ligne qu'ils coupent tous à angles droits.

27. Actuellement, il s'agit de ſavoir quel eſt celui de tous ces Méridiens que nous devons regarder comme le *Premier*, & duquel nous devons commencer à compter tous les autres. Louis XIII, pour établir l'uniformité ſur ce point, entre tous les Géographes Français, ordonna que le Méridien, qui paſſe par l'île de *Fer*, la plus occidentale des Canaries, fût compté pour le Premier. Sur le Globe, il eſt facile de diſtinguer ce Premier Méridien parmi tous les autres, étant le ſeul qui ſoit gradué dans une de ſes moitiés. On le reconnoît plus difficilement dans la Mappe-monde. Pour faire comprendre aux jeunes-gens que cette

double circonférence graduée, qui enveloppe les deux hémisphères, n'est autre chose que ce Premier Méridien qu'ils y cherchent, il faut supposer que lorsque nous avons divisé le Globe en ses deux moitiés (6), la section a été faite par le plan de ce cercle, & que, vu son épaisseur, il en est résulté deux circonférences qui se réuniroient pour n'en faire qu'une, si l'hémisphère occidental s'appliquoit sous l'hémisphère oriental.

VI.

Du Zodiaque.

28. Le *Zodiaque* est une bande circulaire qui coupe obliquement l'Equateur, faisant avec ce cercle un angle de 23 degrés & demi. Elle porte, dans son milieu, l'*Ecliptique*, ainsi appelé, parce que c'est dans son plan que se font les *éclipses* de soleil & de lune (*a*). Le soleil, pendant tout le cours de la révolution qu'il semble faire autour de la terre dans l'espace d'un an, ne quitte jamais l'Ecliptique; la lune & les autres planetes s'en écartent plus ou moins, tantôt du côté du nord, tantôt du

---

(*a*) Eclipse, du grec Εκλείπω, *ecleipo*, en latin *deficio*, je manque.

côté du fud, mais jamais au-delà de huit
degrés & demi, moitié de la largeur qu'on
a donnée pour cet effet au Zodiaque. Ce
nom lui vient du mot grec *Zodiacos* qui
fignifie *animal*, parce qu'il renferme les
douze fignes des conftellations que le
foleil femble vifiter l'une après l'autre,
& que ces fignes portent, prefque tous,
des noms d'animaux. On les a renfermés
en deux vers latins, pour qu'ils fuffent plus
aifés à retenir :

Ce font le Bélier, le Taureau, les Gémeaux,
　　Sunt Aries ♈, *Taurus* ♉, *Gemini* ♊,

　　l'Ecreviffe, le Lion, la Vierge.
　　Cancer ♋, *Leo* ♌, *Virgo* ♍.

La Balance, le Scorpion, le Sagittaire,
Libraque ♎, *Scorpius* ♏, *Arcitenens* ♐,

　　le Capricorne, le Verfeau, les Poiffons.
　　Caper ♑, 　*Amphora* ♒, *Pifces* ♓.

29. Chacun de ces fignes comprend la
douzieme partie ou trente degrés du Zodiaque. Leur ordre eft d'occident en orient,
fuivant le mouvement propre du foleil. Le
figne du Bélier eft le premier de tous. Le
foleil y entre le 20 ou le 21 de Mars, à
l'équinoxe du printems ; il entre dans le
figne de la Balance, à l'équinoxe d'automne,
& quitte alors les fignes *Septentrionaux* pour

viſiter ſucceſſivement les ſignes *Méridio-naux*.

30. Le Zodiaque n'a point de correſ-pondant ſur le Globe & dans la Mappe-monde. On s'eſt contenté d'y tracer l'Ecliptique pour déterminer les différens points de la terre ſur leſquels le ſoleil paſſe perpendiculairement chaque jour de l'année.

VII.

Des quatre petits Cercles.

31. A vingt-trois degrés & demi, au nord & au ſud de l'Equateur dans la Sphère, & à la même diſtance de la Ligne, ſur le Globe & dans la Mappe-monde, on a placé les deux *Tropiques*, ainſi appelés du mot grec *tropè*, qui ſignifie *retour*, parce que lorſque le ſoleil eſt arrivé à l'un ou à l'autre de ces cercles, il ſemble retourner ſur ſes pas. Celui qui eſt dans la partie du nord, ſe nomme le *Tropique du Cancer*, parce qu'il touche l'Ecliptique au premier degré du Cancer : & celui qui eſt dans l'hémiſphère méridional, s'appelle le *Tropique du Capricorne*, pour une ſemblable raiſon.

32. Le ſoleil paroît décrire le Tropique du Cancer le 21 de Juin, au *Solſtice* d'été;

& le Tropique du Capricorne, le 23 Décembre, au folftice d'hiver (*a*).

33. Les deux petits Cercles *Polaires* font cenfés être décrits par les poles de l'axe de l'Ecliptique dans une révolution entiere de ce cercle; d'où il fuit qu'ils font à la même diftance des poles de la Sphère, du Globe & de la Mappe-monde, que les Tropiques de l'Equateur & de la Ligne. Celui qui eft dans l'hémifphère feptentrional, eft appelé Cercle *Polaire arctique*, & celui qui eft dans la partie du midi, *Polaire antarctique*, prenant chacun fon nom du pole vers lequel il eft fitué.

34. De tous ces Cercles qu'on a imaginés dans la Sphère, & qu'on a tranfportés, par la penfée, fur la furface du Globe & de la Mappe-monde, réfulte une divifion de la furface de la terre en cinq bandes paralleles à la Ligne, que l'on appelle *Zones* (*b*). La zone *Torride* eft renfermée entre les deux Tropiques. Les deux zones *Tempérées* comprennent chacune un efpace de quarante-trois degrés entre les Tropiques & les Polaires. Les deux zones *Glaciales*, ainfi

---

(*a*) Solftice, du latin *fol ftat*, le foleil s'arrête.

(*b*) Zone, du latin *zona*, ceinture. Torride, du latin *torridus*, brûlé *par les ardeurs du foleil.*

appelées parce que la mer y gele, ont la forme d'une calotte dont les Poles occupent le centre, & les cercles Polaires la circonférence.

35. Je passe sous silence une seconde division de la surface de la terre connue sous les noms de *Climats d'heures* & de *Climats de mois*, parce qu'elle est tombée en désuétude, & que ce mot *Climat* est devenu équivoque, attendu qu'il se prend d'ordinaire, aujourd'hui, pour un pays quelconque, eu égard à la température de l'air.

36. J'ajouterai seulement, en faveur des jeunes-gens qui voudront s'exercer à tracer une Mappe-monde, 1°. que pour trouver le centre d'un parallele à la Ligne, du Tropique du Capricorne, par exemple, il faut mener une tangente au point du Premier Méridien où le parallèle doit couper ce cercle; dans le cas proposé, c'est au vingt-troisième degré & demi : mener ensuite une ligne du point nord au point sud, & la prolonger jusqu'à ce qu'elle rencontre la tangente aussi prolongée autant qu'il sera nécessaire; le point de rencontre de ces deux lignes sera le centre cherché; 2°. que si du point sud on mene des lignes droites à la 10, 20, 30 division, &c. du Premier Méridien, ces lignes droites couperont la Ligne au 10, 20, 30 dégrés, &c.

ce qui fournit, tout à la fois, un moyen de divifer la Ligne, & de tracer les Méridiens.

VIII.

Des Mouvemens apparens du Soleil.

37. Nous avons infinué plus haut (29) que le foleil paroiffoit décrire l'Ecliptique en s'avançant tous les jours d'un degré, environ, d'occident en orient, par fon Mouvement *propre* ou *annuel* ; & qu'en même temps par fon Mouvement *diurne* ou *journalier* d'orient en occident, il décrivoit tous les jours des cercles à très-peu de chofe près paralleles à l'Equatcur (14 32); contradiction apparente qui nous engage dans une courte explication.

38. Pour concilier ces deux Mouvemens contraires, il faut fe fouvenir qu'ils ne font qu'*apparens* ; tel eft par exemple, le mouvement du rivage dans une direction contraire à celle du bateau qui nous y porte : or, les Mouvemens que nous avons attribués jufqu'ici au foleil, n'ont pas plus de réalité. C'eft la terre, c'eft notre bateau qui parcourt réellement l'Ecliptique dans l'efpace de 365 jours 5 heures 48 minutes 45 fecondes, & qui faifant, en même temps, une révolution fur fon axe d'occident en orient, en 24 heures environ, nous fait

voir dans un sens contraire les mouvemens que nous attribuons aux astres. Je ne pourrois m'étendre davantage sur ce point, sans m'écarter de mon sujet.

Les 5 heures 49 minutes, environ, dont le temps de la révolution de la terre dans l'Ecliptique, excede la durée de l'année commune composée de 365 jours, font presqu'un jour, ou 23 heures 15 minutes au bout de quatre ans; c'est pourquoi tous les quatre ans l'année est *Bissextile* (*a*), à

(*a*) Les Romains ne comptoient pas les jours du mois comme nous. Ils avoient dans chaque mois trois points fixes ; savoir, les *Kalendes*, les *Nones* & les *Ides*, par lesquels ils comptoient les jours précédens. Les Kalendes étoient le premier jour de chaque mois, & au lieu que nous disons le premier Mars, ils disoient *Kalendis Martii*.

Les Nones étoient fixées au 7 dans les mois de 31 jours, & au 5 dans les autres. Le 5 de Février étoit donc appelé *Nonis Februarii*, & le 7 de Mars *Nonis Martii* ; & par conséquent le 2 Février étoit appelé *quarto nonas*, ou le quatriéme jour avant les nones, & le 2 Mars, *sexto nonas*, ou le sixiéme avant les nones, &c.

Des nones aux ides, on comptoit 8 jours; de sorte que le 6 Février & le 8 Mars étoient appelés *octavo idus*, ou le huitiéme avant les ides ; le 13 Février, *idibus Februarii*, & le 15 Mars, *idibus Martii*, le 16 Mars, *decimo septimo kalendas*, ou le dix-septième avant les kalendes d'*Avril*, le 14 Février, *decimo sexto kalendas*, ou le seiziéme avant les kalendes de *Mars*, & par conséquent le

l'exception de la derniere année de trois
fiecles confécutifs.

---

24 Février étoit appelé *fexto kalendas*, ou le
fixiéme avant les kalendes. Or, quand l'année étoit
biffextile, on ajoutoit un jour au mois de Février
après le 24 ; & ce jour, qui eft le 25 dans notre
Calendrier, étoit appelé *bis fexto kalendas*, d'où
ces années ont retenu le nom de *biffextiles* (*).

L'année romaine n'étant d'abord compofée que
de dix mois, le mois de *Mars*, ainfi appelé du
Dieu Mars à qui il étoit confacré, étoit le premier,
& par conféquent les mois de Septembre, Octobre,
Novembre & Décembre, ainfi appelés de *feptem*,
fept; *octo*, huit; *novem*, neuf; *decem*, dix, étoient
les quatre derniers mois de l'année. Dans la fuite
Numa Pompilius ayant reconnu que l'année étoit trop
courte, y ajouta les mois de Janvier & de Février.
Janvier prit fon nom du Dieu *Janus*, & Février de
Februare, vieux verbe qui fignifie faire des purifi-
cations *en faveur des morts*. On abrégea cette
cérémonie lugubre, en racourciffant le mois qui la
ramenoit tous les ans. Avril tira fon nom du verbe
aperire, qui fignifie ouvrir, parce que, dans ce mois,
la terre ouvre fon fein pour produire toutes chofes.
Mai & Juin furent dédiés aux anciens & aux jeunes-
gens, appellés *majores* ou *maiores* & *juniores*.
Jules Céfar donna fon nom à Juillet, & Augufte au
mois d'Août.

Quant aux *femaines*, il paroît qu'elles ont été,
dans l'origine, une divifion du mois lunaire dont la
durée de 29 jours 12 heures 44 minutes, eft compofée de quatre *phafes* ou apparences différentes,
& que cet ufage vient des Juifs qui obfervoient le
Sabbat chaque feptiéme jour. Cependant quelques-

(*) On trouvera à la fin de ce Volume le Calendrier Romain.

SECONDE PARTIE.

I.

Division de la surface du Globe & de la Mappe-monde.

LE Monde, en Géographie, se prend pour la terre habitable, & on la divise en deux mondes ou en deux continens, l'*Ancien* & le *Nouveau* ; celui-ci, dans l'hémisphère occidental ; celui-là, dans l'hémisphère oriental de la Mappe monde.

L'Ancien Monde, ainsi appelé parce qu'il a été connu des Anciens, renferme trois parties principales, l'*Europe*, l'*Asie* & l'*Afrique*. Le Nouveau Monde découvert en 1492 par *Christophe Colomb*, Génois,

uns prétendent qu'il nous est venu des Payens, & ce qui fait une forte présomption en leur faveur, c'est que les sept jours de la semaine, à l'exception du Dimanche, portent encore les noms des sept planetes. Lundi étoit le jour de la Lune, *Lunæ dies* : Mardi, celui de Mars, *Martis dies* : Mercredi, celui de Mercure, *Mercurii dies* : Jeudi, celui de Jupiter, *Jovis dies* : Vendredi, celui de Vénus, *Veneris dies* : Samedi, celui de Saturne, *Saturni dies*. Le septiéme étoit le jour du Soleil ; les Chrétiens l'ont appelé le *jour du Seigneur* ou Dimanche.

dont la bouſſole conduiſoit le génie, renferme le continent de l'*Amérique* qui ſe diviſe en Amérique *ſeptentrionale* & Amérique *méridionale*. Telle eſt l'influence des Lettres ſur la célébrité des hommes, que la gloire de donner ſon nom au Nouveau-Monde a été enlevée à Colomb par *Améric Veſpuce*, Florentin, qui, au retour d'un voyage qu'il fit dans le nouveau continent, ſept ans après Colomb, écrivit la relation de ſon voyage, & donna le premier une deſcription, quoique bien informe, du Nouveau-Monde.

A ces quatre parties du Monde, l'*Europe*, l'*Aſie*, l'*Afrique* & l'*Amérique*, on peut joindre les *Terres Polaires* plus récemment découvertes ; mais ce qu'on en ſait, eſt encore ſi incertain, qu'il nous ſuffira de les avoir indiquées. La mer & les îles occupent le reſte de la ſurface de la terre.

La *Mer* eſt ou *extérieure* ou *intérieure*, par rapport aux continens. La mer extérieure, ou l'*Océan*, plus ſalé vers la Ligne que vers les Poles, porte différens noms qu'il emprunte tantôt des points cardinaux, comme l'océan *oriental*, à l'orient de l'Aſie ; l'océan *méridional*, au midi de l'Aſie & de l'Afrique ; l'océan *ſeptentrional* ou la mer Glaciale, au nord de l'Europe & de l'Aſie ;

l'océan

l'océan *occidental*, ou la mer *Atlantique*, à l'occident de l'Europe & de l'Afrique; la mer du *Nord*, à l'orient de l'Amérique septentrionale; la mer du *Sud*, à l'ouest de l'Amérique méridionale; tantôt de son état habituel, comme la mer *Pacifique*, à l'ouest de l'Amérique septentrionale; tantôt enfin des côtes qu'elle baigne, comme la *Mer des Indes*, au sud de l'Asie, &c.

Les principales mers *intérieures* ou *Méditerranées* (*a*), sont la mer *Blanche* & la mer *Baltique*, au nord de l'Europe; la *Méditerranée* proprement dite, entre l'Europe, l'Asie & l'Afrique; vers l'Asie, elle prend le nom de mer du *Levant*; la mer de *Marmara*, autrefois la *Propontide*; la mer *Noire*, autrefois le *Pont-Euxin*, & la mer d'*Azof* ou de *Zabache*, autrefois les *Palus-Méotides*, entre l'Europe & l'Asie; la mer *Caspienne*, en Asie : la mer *Rouge*, entre l'Asie & l'Afrique; la mer *Vermeille* enfin, & la mer de l'*Ouest*, dans l'Amérique septentrionale.

Une *Ile* est une portion de terre détachée du continent ou de la terre ferme par l'eau qui l'environne de tous côtés; & un *Ilot* est une petite île. Il y en a une infinité. En

______

(*a*) Méditerranée, du latin *medius*, milieu, *terra*, la terre. Au milieu des terres.

quelques endroits, elles font raffemblées en grand nombre, & dans ce cas, la partie de mer qui les contient prend le nom d'*Archipel*. Quand on dit l'Archipel tout court, c'eft toujours celui de la Méditer-ranée, près la mer de Marmara, dont il s'agit.

Une *Prefqu'île* ou *Péninfule* (Cherfonefe chez les anciens) tient d'un côté au conti-nent : telle eft l'Italie dans la Méditerranée; telles font encore celles de *Malaca*, dans la mer des Indes; de *Corée* & de *Kamchatka*, à l'eft de l'Afie; & de la *Californie*, à l'oueft de l'Amérique feptentrionale.

Un *Ifthme* eft une langue de terre qui joint un continent à un autre, ou même une prefqu'île au continent. L'ifthme de *Suez* joint l'Afie à l'Afrique : l'ifthme de *Panama* joint l'Amérique feptentrionale à l'Amé-rique méridionale.

Les *Côtes* font les parties de la terre voifines de la mer, & les *Dunes* font des collines de fable qui bordent quelques côtes de l'Océan. En France, on donne ce nom particuliérement aux côtes de Flandre, & l'on dit la bataille des Dunes.

Un *Cap* ou *Promontoire* eft une éminence de terre communément couverte de ro-chers, qui s'avance dans la mer. Le cap prend le nom de *Pointe*, quand il a peu d'élévation. En parcourant les côtes de l'Europe, on trouvera le *Nord-Cap*, le cap *Finistere*, le cap *Saint-Vincent* & le cap *Matapan*. Sur les côtes de l'Asie, le cap *Ras-al-gate*, & le cap *Comorin* : sur les côtes de l'Afrique, le cap *Bon*, le cap *Verd* & le cap de *Bonne-Espérance*, que Vasco de Gama, Portugais, doubla le premier, parmi les modernes, pour se frayer une route aux Indes orientales. Sur les côtes de l'Amérique, le cap *Breton*, le cap *Saint-Augustin*, le cap *Saint-Antoine* & le cap *Horn*.

Lorsque la mer s'avance considérablement dans les terres, elle forme un *Golfe* : les plus grands portent le nom de mer. Voyez, en Europe, le golfe de *Gascogne* dans l'Océan, & le golfe de *Venise*, autrefois la mer *Adriatique*, dans la Méditerranée. En Asie, le golfe *Persique* & le golfe de *Bengale* : en Amérique, le golfe du Mexique, &c.

La *Baye* est un petit golfe. Une *Anse* & un *Havre*, sont de petites bayes.

La *Rade* est un espace de mer à peu de distance des côtes, où les vaisseaux sont à l'abri des vents & peuvent jetter l'ancre.

Les *Bancs* sont des endroits de la mer où il y a peu de fond. Il y a des bancs de sable & des bancs de rocher. Le plus grand banc de sable que l'on connoisse, est celui de

Terre-Neuve à l'orient de l'Amérique feptentrionale, où l'on pêche la morue.

Un *Détroit* ou un *Pas* eſt un bras de
mer reſſerré entre deux terres. Le *Pas de
Calais*, à l'extrémité de la *Manche*, fépare
la France de l'Angleterre. Le détroit de
Gibraltar fépare l'Europe de l'Afrique. La
mer Rouge communique à la mer des Indes
par le détroit de *Babel-Mandel*, &c. *Pas*
eſt encore un paſſage étroit entre deux
montagnes : Pepin & Louis XIII forcerent
le pas de Suze pour entrer en Italie.

Une *Riviere* eſt un courant d'eau douce
qui prend fa fource dans les montagnes, &
qui garde fon nom juſqu'à fon *Confluent*,
c'eſt-à-dire, juſqu'à ce qu'elle mêle fes
eaux avec celles d'une autre riviere laquelle
prend le nom de *Fleuve* lorſqu'elle eſt confidérable, & qu'elle porte fes eaux juſqu'à
la mer : telle eſt la Marne par rapport à la
Seine dont l'*embouchure* eſt au Havre-de-
Grace. Un *Canal* eſt une riviere artificielle.

Une riviere ne trouve pas toujours un
terrein réguliérement incliné depuis fa
fource juſqu'à fon embouchure ; tantôt
c'eſt un précipice qui fe préfente fur fa
route, & alors elle fait un *Saut* ou une
Cataracte (*a*) : tantôt elle arrive dans des

(*a*) Cataracte, du mot grec Καταράσσω, *cataraſſo*,
je frappe *en tombant*.

vallées fermées de tous côtés qui lui refusent absolument le passage ; & alors, ou elle se pratique une issue secrette dans leur flanc & se dérobe pour quelque temps à notre vue ; ou bien, si elles sont impénétrables, elle s'éleve elle-même à leur niveau, en inondant plusieurs lieues de pays à la ronde, & dans ce dernier cas elle forme un *Lac*. Le lac *Supérieur* dans l'Amérique septentrionale, & le lac *Maravi* dans la partie méridionale de l'Afrique, sont les plus grands que l'on connoisse.

Il y a des *Etangs* d'eau douce & des étangs d'eau salée. Les premiers sont formés & entretenus dans des terreins bas, par les eaux pluviales que reçoivent les terres des environs : les autres doivent communément leur origine aux eaux extravasées de la mer, & on ne les rencontre guère que dans son voisinage & dans des pays plats ; tels sont l'étang de *Berre* ou du *Martigues*, en Provence, & celui de *Cette* ou de *Thau*, en Languedoc. Celui-ci établit une communication entre le port de Cette & le grand canal du Languedoc ; celui-là fournit de fort bon sel. Les uns & les autres sont plus ou moins poissonneux quand ils sont étendus, & qu'ils ont beaucoup de fond ; autrement ils dégénerent en *Marais*, dont le voisinage est mal sain.

II.

Des Paralleles & de la Latitude.

Les *Paralleles* font des petits cercles parallели à la Ligne, & par conféquent perpendiculaires au Premier Méridien, que l'on trace fur l'hémifphère feptentrional & méridional du Globe & de la Mappe-monde, depuis la Ligne jufqu'à l'un & l'autre pole. Or, parce que cet efpace comprend 90 degrés du Premier Méridien, il eft évident qu'on pourroit compter au moins 90 paralleles dans chaque hémif-phère. Cependant, pour éviter la confu-fion, on ne les marque que de dix en dix fur le Globe & fur la Mappe-monde ; mais dans les cartes générales & particulières (*a*),

---

(*a*) Les cartes générales font celles qui repré-fentent quelqu'une des quatre parties du monde, comme la carte de l'Europe. Les particulieres repré-fentent un Royaume, une Province, comme la carte de France, de Provence, &c. Chacune de ces cartes porte fon échelle. On appelle échelle, une ligne droite divifée en parties égales, comme pouces, pieds, toifes, lieues, pour réduire l'étendue d'un pays fur une carte toujours infiniment plus petite que le pays dont elle préfente toutes les proportions. Le pied-de-roi, par exemple, eft une échelle fur laquelle chacun peut lever le plan de fa chambre, de fon jardin, & le réduire fur le papier à une ligne pour un pied ou pour une toife, &c. L'échelle de réduction dont les proportions font plus grandes, on les marque de cinq en cinq, ou même d'un à un, à droite & à gauche, fur des portions de cercles qui repréfentent des portions égales du Premier Méridien. Les paralleles indiquent la Latitude.

Qu'eft-ce donc que la *Latitude*? La Latitude d'un lieu, d'une Ville quelconque, n'eft autre chofe que la diftance du parallele qui paffe par cette Ville, à la Ligne, la-

---

étant donnée, il eft très-aifé de connoître toutes les dimenfions du plan, ce qui fe fait en les portant fur l'échelle avec un compas. On peut donc auffi fe fervir de l'échelle des cartes pour mefurer les dimen-fions d'une Province, ou la diftance d'une Ville à telle autre que ce foit; mais on auroit tort de s'attendre à une exacte conformité entre les mefures des diftances indiquées par l'échelle, & celles qu'on a prifes en fuivant, la toife à la main, le chemin qui conduit d'une Ville à l'autre : celui-ci va rarement à fon but en ligne droite, comme le compas; c'eft pourquoi, dans la pratique, on ajoute à la diftance indiquée par l'échelle des lieues communes, un fixiéme de cette même diftance pour les pays plats, & un cinquiéme, quelquefois même un quart, pour les pays montagneux. Ajoutez à ces obfervations qu'il regne encore parmi nous prefqu'autant de différence dans la maniere de compter nos lieues, même fur les grandes routes où l'on a élevé à grands frais des pierres milliaires, que dans nos poids & mefures; de forte qu'on eft réduit à faire des vœux pour l'établiffement de l'uniformité, dont M. Carrouge a fourni tous les élémens.

quelle diftance fe compte fur l'arc du Premier Méridien compris entre la Ligne & ce même parallele. De-là il fuit que deux Villes fituées fur le dixième ou fur le vingtiéme parallele, ont une même Latitude, ou, ce qui eft la même chofe, font également diftantes de la Ligne; mais parce que l'une peut être au nord de la Ligne & l'autre au fud, la Latitude de la premiere eft dite *feptentrionale*, & la Latitude de la feconde, *méridionale*.

Nous obferverons ici que la *Latitude eft toujours égale à la hauteur du pole :* en effet, on conçoit facilement qu'on ne fauroit s'éloigner de la Ligne de 10 ou 20 degrés vers l'un ou l'autre pole, fans que l'un de ces poles ne s'abaiffe & que l'autre ne s'éleve, en même tems, fur l'horifon de la même quantité. Remarquons encore que chaque degré de Latitude, ou du Premier Méridien, eft par-tout de 25 lieues, & que ces lieues font de 2270 toifes vers la Ligne, de 2280 en France, & 2297 vers les cercles polaires, fuivant les mefures de MM. de l'Académie Royale des Sciences : d'où ils ont conclu que notre globe n'eft point une fphère parfaite, mais un fphéroïde applati par les poles.

III.

De la Longitude.

La *Longitude* d'une Ville, de Paris, par exemple, n'eſt autre choſe que la diſtance du méridien qui paſſe par Paris au Premier Méridien, laquelle diſtance ſe compte ſur l'arc de la Ligne compris entre le Premier Méridien & le méridien de Paris. D'où l'on voit que la Longitude de Paris eſt de 20 degrés, celle des îles Philippines, dans la mer Orientale de 140 degrés, & celle des îles Açores, dans la mer Atlantique, de 350 degrés. Telle eſt l'ancienne maniere de compter la Longitude, en partant du Premier Méridien & faiſant tout le tour du globe d'occident en orient : telle eſt même encore la maniere de la marquer ſur le Globe & ſur la Mappe-monde. Dans les cartes générales & particulieres, on la marque en haut & en bas, ſur des portions de cercle paralleles à la Ligne.

L'exemple de ceux qui ont diſtingué la Latitude en ſeptentrionale & méridionale, a fait ſentir enfin qu'il ſeroit auſſi plus commode & plus naturel d'admettre deux Longitudes, l'une à droite de la moitié du Premier Méridien qui paſſe par l'île de Fer, en allant à l'orient juſqu'à l'autre moitié de ce cercle, c'eſt-à-dire, juſqu'à 180 degrés;

l'autre à gauche de ce même demi-cercle, en allant à l'occident jufqu'au même point ; & en conféquence de cette convention, on a dit que Paris étoit à 20 degrés de Longitude *orientale*, & les îles Açores à 10 degrés de Longitude *occidentale*.

On a été plus loin : à l'exemple de MM. de l'Académie Royale des Sciences qui, par rapport à leurs obfervations aftronomiques, prennent pour Premier Méridien celui qui paffe par l'Obfervatoire de Paris, quelques Géographes ont adopté ce Méridien de Paris, & l'ont réuni dans leurs cartes générales & particulieres au Premier Méridien de l'île de Fer, celui-ci en haut, celui-là en bas. Or, felon cette derniere maniere de compter la Longitude, (la feule que nous employerons dans la fuite) la Longitude de Paris eft o, & l'île de Fer eft à 20 degrés de Longitude occidentale.

Remarquez que les degrés de Longitude, qui fous la Ligne font de 25 lieues, vont en diminuant jufqu'aux poles où tous les méridiens fe réuniffent ; de forte qu'en France, ils ne font que de 16 lieues.

I V.

Ufage de la Latitude & de la Longitude.

La Longitude & la Latitude réunies font à la Géographie, ce que les monumens font à l'Histoire. L'interfection de ces deux cercles indique feule au Géographe la veritable pofition d'une Ville ; elle fournit en même temps, un moyen sûr & prompt de la trouver fur les cartes : par exemple, qu'on me demande dans quelle partie du monde eft Penfa-Cola dont la Longitude occidentale eft de 90 degrés, (elle répond au 290 de la Longitude de l'île de Fer), & la Latitude de 30 degrés (*a*). Je cherche d'abord fur la *Ligne*, le 90 degré de Longitude occidentale, & j'y pofe un doigt. Je cherche enfuite, fur le Premier Méridien le 30 degré de Latitude, & fuivant de l'œil & des doigts le Parallele & le Méridien indiqués, j'arrive à leur interfection où je trouve Penfa-Cola, fur le Golfe du Mexique. Il eft très-utile de s'exercer à cet ufage, comme auffi de montrer du doigt, dans la Sphère naturelle, la pofition des principaux lieux qu'on aura vus fur la Carte.

La différence de Longitude de Paris à Penfa-Cola étant comme nous venons de le voir, de 90 degrés, j'en conclus qu'à l'Equinoxe, le foleil fe leve fur l'horifon de Penfa-Cola quand il eft midi à Paris :

(*a*) Quand on dit que la Latitude d'une Ville eft de tel ou tel autre nombre de degrés, fans expliquer fi elle eft Septentrionale ou Méridionale, c'eft toujours la Septentrionale dont il eft queftion.

en effet, le soleil parcourant 360 degrés de longitude en 24 heures, il met 6 heures à en parcourir le quart de 360, ou 90; il n'est donc que 6 heures du matin à Penſa-Cola lorſqu'il eſt midi à Paris. On peut appliquer ce calcul à mille autres cas ſemblables.

TROISIÉME PARTIE.

L'EUROPE.

QUOIQUE, par son étendue, l'Europe soit la plus petite des quatre parties du Monde, elle a toujours été la premiere en ordre par sa population, par la culture des Lettres, des Sciences, des Arts libéraux & mécaniques, & par conséquent par l'urbanité & l'industrie de ses habitans. Placée au Nord de la zone tempérée septentrionale, l'air y participe plus du froid que du chaud dans la majeure partie de son étendue; mais il y est sain, & son terroir est fertile en tout ce qui est nécessaire à la vie.

On y compte quatre sortes de Gouvernements: 1°. le *Despotique* ; c'est celui d'un état dont le Souverain ne connoît d'autres loix que sa volonté (*a*): 2°. le *Monarchique* ; c'est celui d'un état dont le Souverain se conforme aux Loix de la Nation (1). Or cet état peut avoir le

----

(*a*) Despote, du Grec Δεσπότης , *Despotes*, Seigneur & Maître.

(*b*) Monarque, du Grec Μόνος, *Monos*, seul; & Αρχή, *Arché*, Principe, Seigneurie.

titre d'Empire, de Royaume ou de Monarchie, de Principauté, ou de Duché &c.
3°. Dans un état Républicain, l'autorité souveraine réside entre les mains de quelques-uns choisis parmi les nobles ou parmi le peuple, pour gouverner les autres. Dans le premier cas le Gouvernement est *Aristocratique* (a) ; dans le second il est appelé *démocratique* (b) ; il est *mixte* (c), s'il dépend des uns & des autres.

On professe en Europe trois religions différentes : le *Judaïsme*, le *Christianisme*, & le *Mahométisme*. Le Paganisme comprend toutes les religions qui rendent un faux culte aux idoles. Les Juifs dispersés dans toutes les parties de l'Europe, de l'Asie & de l'Afrique, ne forment nulle part un corps de peuple dominant.

Les Chrétiens sont Catholiques & Romains, ou Schismatiques-Grecs (d), ou Protestans, & les Protestans sont Luthériens ou Calvinistes.

Les Mahométans, autrement dits Musulmans, mot Turc qui signifie *fidele*, sont de la secte d'*Omar*, ou de la secte d'*Ali*, deux successeurs de Mahomet.

(a) Aristocratique, du Grec ἄριστος, *aristos*, plus excellent, & κράτος, *Cratos*, force, puissance.

(b) Démocratique, du Grec δῆμος, *Demos*, peuple.

(c) Mixte, du Latin *Mixtus*, mêlé.

(d) Schisme, du Grec χέσμα, *Schesma*, division, séparation.

La Réligion catholique eſt la ſeule qui
ſoit profeſſée publiquement en Portugal,
en Eſpagne, en Italie, en France & dans
toutes les poſſeſſions de ces Couronnes
en Aſie, en Afrique & en Amérique.

Nous diviſerons l'Europe en 13 parties
avec les îles.

Quatre au midi.

Le Portugal, Capitale, *Lisbonne*, ſur le Tage. . .
     long. occ. 11° 29′, lat.
     38° 45′.

L'Eſpagne. . . . .*Madrid*, proche le ruiſſeau
     Mançanarès. . . long. occ.
     5° 46′, lat. 40° 25′.

L'Italie . . . .*Rome*, ſur le Tibre. . . long.
     or. 10° 9′, lat. 41° 54′.

La Turquie d'Europe. . *Conſtantinople*, ſur le Détroit
     de ſon nom . . long. or. 26°
     36′, lat. 41° 1′.

Cinq au milieu.

La France. . . . .*Paris*, ſur la Seine. . . long.
     0, lat. 48° 50′ 14″.

L'Allemagne . . . .

La Hongrie. . . . .*Presbourg*, ſur le Danube. . .
     long. or. 15° 8′, lat. 48° 8′.

La Pologne. . . . .*Varſovie*, ſur la Wiſtule. . .
     long. or. 18° 40′, lat. 52°
     14′.

Les Etats de Pruſſe. . .*Berlin*, ſur la Sprée . . long.
     or. 11° 0, lat. 52° 31′.

Quatre au nord.

L'Angleterre.........*Londres*, fur la Tamife...
long. occ. 2° 25' 15", lat.
51° 31'.

Les Etats de Danemarck.*Copenhague*, fur la Baltique .. long. or. 10° 8',
lat. 55° 42'.

La Suede...........*Stockolm*, fur la Baltique...
long. or. 15° 43 , lat. 59°
20'.

La Ruffie...........*Saint-Pétersbourg* , fur la
Newa... long. or. 27° 59',
lat. 59° 56'.

ETATS DU MIDI DE L'EUROPE.

I.

DU PORTUGAL ET DE L'ESPAGNE.

Ces deux Monarchies font foumifes à l'Inquifition. L'air y eft fort fain, tempéré en hiver, chaud en été.

Le *Portugal* anciennement, la *Lufitanie*, eft un état détaché de l'Efpagne depuis 1640. Ce fut à peu-près vers le même temps qu'on y planta les premiers orangers qu'on ait vus en Europe ; des marchands les avoient apportés de la Chine. aujourd'hui, il y en a des forêts entieres. Le pays eft beau & très-peuplé. Le terroir eft arrofé par quantité de rivieres, montagneux & peu fertile en blé, à l'exception de la province d'*Alentejo* : mais il abonde en fruits, en bons vins & en olives. On y éleve beaucoup de vers à soie, & on y trouve des mines de plomb, d'étain, de fer, de cryftal, d'émeraudes, &c. Le Roi porte le titre de *Majefté très-fidele*.

On le divife en fix provinces du Nord au Sud, favoir; *Tralos-montes* où eft le Duché de Bragance qui a donné fon nom à la maifon régnante; *Entre - Douro - &-Minho*, la plus peuplée; le *Béira*, *l'Eftramadure*, *l'Alentejo* & *l'Algarve*. Prefque tout le commerce du Portugal fe fait à Lifbonne, un des plus grands & des meilleurs ports de l'Europe. Celui de Sétuval eft très-fréquenté pour fon beau fel, & celui de Porto, pour les vins du voifinage.

L'Efpagne, anciennement *l'Ibérie*, n'eft pas, à proportion, auffi peuplée que le Portugal, & fon terroir plus fec, n'eft pas auffi bien cultivé. Elle produit cependant beaucoup d'olives, du blé & quantité de fruits excellens. Ses chevaux, fes vins, fes foies & fes laines, font très-eftimés. Ses montagnes abondent en gibier, & fes vallées en bétail. Cet état a une dignité qui lui eft particuliere, c'eft celle des *grands d'Efpagne* divifés en trois claffes. Le Roi (de la maifon de Bourbon), porte le titre de *Catholique.*

Les Efpagnols font fpirituels, graves, fiers, fobres, bons foldats, conftans dans leurs modes & très-attachés à leur Prince & à leur religion : moins propres au commerce que les Portugais.

On divife l'Efpagne en 14 provinces, qui ont prefque toutes le titre de Royaume.

Quatre fur l'Océan.

1°. La *Galice* : fa Capitale eft Saint-Jacques de Compoftelle. La Corogne a un des meilleurs & des plus beaux ports. Ceux du Ferrol & de Vigo font très-connus. Nos Vaiffeaux reconnoiffent toujours le Cap Ortegal & le Cap Finiftere, lorfqu'ils vont prendre les vents alifés qui les menent en Amérique.

2°. La Principauté des *Afturies* : elle eft le titre des Fils aînés des Rois d'Efpagne. Oviedo & Santillane en font les Capitales.

3°. La *Bifcaye* : Bilbao, Capitale ; Fontarabie, place forte, fur la riviere de Bidafloa qui fépare l'Efpagne de la France, & dans laquelle eft l'île des Faifans. Mines de fer.

4°. L'*Andaloufie* : on l'appelle le grenier, la cave & l'écurie de l'Espagne. Séville sa Capitale sur le Guadalquivir, est la patrie de Don Miguel de Cervantes, & le magasin des richesses du nouveau monde. C'est de Cadix que partent les flottes de l'Amérique & où elles abordent à leur retour. Près de Cadix sont Xerès, Tinto, & Rota. Cordoue vit naître les deux Seneques & Lucain. Gibraltar est aux Anglais; cette forteresse passe pour imprenable par sa situation : elle est au pied d'une montagne nommée autrefois *Calpé*, vis-à-vis celle d'*Abyla* sur laquelle est bâtie la Ville de Ceuta en Afrique; & c'est ce qu'on appeloit les *Colonnes d'Hercule*.

Quatre sur la Méditerranée.

1°. Le Royaume de *Grenade*: le Port de Malaga, au sud-ouest de Grenade sa Capitale, est fréquenté pour ses bons vins.

2°. Le Royaume de *Murcie*: Murcie est sa Capitale : le Port de Carthagéne est un des meilleurs de l'Espagne. Carrieres d'alun.

3°. Le Royaume de *Valence*: Valence au sud de l'ancienne *Sagonte* en est la Capitale; Alicante est célébre par ses vins & ses savons.

4°. La Principauté de *Catalogne*: Bar-

celone grande & belle ville, avec un Port
ſpacieux, en eſt la Capitale. Lerida, Roſes
& Girone Places fortes. Belles forêts d'où
l'on tire le Liege. Marbres de toutes cou-
leurs, Mines de pluſieurs Métaux.

Six au Milieu.

1°. La *Haute-Navarre* : Pampelune Place
forte, Capitale ; Xavier petit bourg. L'Abbaye des Roncevaux, entre Pampelune
& Saint-Jean-pied-de-port.

2°. Le Royaume de *Léon* : Léon en eſt
la Capitale. Salamanque eſt célebre par ſon
univerſité.

3°. La *Caſtille-vieille* : Burgos, Capitale :
Valladolid eſt plus belle & plus grande ;
on y voit le tombeau de Chriſtophe Colomb. Saint-Ildefonſe, belle Maiſon Royale
près de Ségovie, où l'on voit un Aqueduc
de Trajan,

4°. La *Caſtille-nouvelle* : Madrid a environ trois cens mille habitans. On y ad-
mire la *Plaça mayor* où ſe font les courſes
des Taureaux. El Pardo, l'Eſcurial, au
nord-oueſt de cette Ville, Aranjues, ſur le
Tage, ſont de belles Maiſons Royales.
L'Archevêque de Tolede eſt Primat d'Eſpagne. La *Sierra*, ou le Pays de la Montagne, & la *Mancha* ſont partie de cette
Province.

5°. Le Royaume *d'Aragon* : C'eſt un pays

montagneux dont Saragoce eſt la Capitale.

6°. *L'Eſtramadure-Eſpagnole* : Badajoz, Place forte, au ſud d'Alcantara, en eſt la Capitale.

Les Iles de la Méditerranée dépendantes de l'Eſpagne, ſont ce qu'on appeloit autrefois les îles *Baléares,* au nombre de quatre, ſavoir, *Ivice* très-fertile ; *Formentera,* remplie de ſerpens ; *Majorque* d'où l'on tire le bon vin de Palme & *Minorque* où eſt Port-Mahon.

Les Romains avoient diviſé l'Eſpagne en *Citérieure* ou *Tarraconnoiſe* du nom de la Ville de *Tarraco* aujourd'hui Tarragone, en Catalogne ; & en *Ultérieure,* qui comprenoit la Luſitanie & la *Bétique,* laquelle répond à la Grenade & à l'Andalouſie arroſée par le Guadalquivir, autrefois le fleuve *Batis.*

II.

DE L'ITALIE.

L'Italie eſt encore un Pays d'inquiſition, rempli de Principautés, de Duchés, de Comtés, de Marquiſats & d'Evêchés. Cette preſqu'île a la figure d'une botte qui donne un coup de pied à la Sicile dont elle n'eſt ſéparée que par le détroit de Meſſine où ſont les fameux écueils de *Caribde* & *Scylla.* L'air y eſt en général pur & ſain, froid au nord, chaud vers le midi. C'eſt une

des plus belles régions de l'Europe & des
plus fertiles en blé, en vins, en fruits excellens, en olives. On y nourrit beaucoup
de vers à foie & on en tire les plus beaux
marbres. Mais les Italiens font peu laborieux, peu propres au commerce, & par
conféquent pauvres, attachés à de vaines
pratiques de religion. On les accufe d'être
intéreffés, jaloux & vindicatifs. Ils excellent dans les beaux Arts (*a*).

Nous diviferons l'Italie en trois parties,
outre les îles ; favoir, la *Septentrionale*,
celle du *milieu*, & la *Méridionale*.

Italie Septentrionale.

Elle renferme 1°. les *Etats de la Maifon
de Savoie*, dont le Gouvernement eft Monarchique, dans l'ancienne *Gaule-Cifal-
pine*. Ces états auxquels les mâles feuls
peuvent fuccéder, comprennent, l'Ile ou le
Royaume de Sardaigne, affez fertile vers
le midi, où eft Cagliari fa Capitale ; le
Duché de Savoie, Pays montagneux, peu
fertile & pauvre, dont la Capitale eft
Chambéry : & la *Principauté du Piémont*
où eft Turin, fur le Pô, belle & bien

(*a*) Ils divifent le jour en 24 heures qu'ils com-
mencent à compter une demi-heure après le coucher
du Soleil. De forte que midi fe compte chaque
jour à un inftant différent de la veille.

peuplée, Capitale de tous les Etats du Roi de Sardaigne.

Chacune de ſes parties ſe ſubdiviſe en pluſieurs autres qu’il eſt aiſé de reconnoître en jettant les yeux ſur la carte. Remarquez en Savoie, le château de Ripaille ſur le lac de Genève dans le Chablais; Anneci, dans le Genevois, c’eſt la retraite de l’Evêque de Genève. Dans le Piémont, Suze, au nord-eſt d’Exiles & du Col-de-l’aſliete : Pignerol, Coni, Ville très-forte; Saluces, Stafarde au nord, ſur le Pô; Cériſoles, entre Albe & Carmagnole; le bourg de Marſaille, entre Pignerol & Turin; Nice, Comté, près de l’embouchure du Var; Aouſte, Verceil, ſur la Seſſia, Novarre & Caſal, Capitale du Mont-Ferrat. Le fils aîné du Roi porte le titre de Prince du Piémont.

2⁰. La Principauté de *Monaco*, au Prince de ce nom; & la Seigneurie de la République Ariſtocratique de *Gènes*, le long du Golfe de ce nom, dans l’ancienne *Ligurie*, toutes deux ſous la protećtion de la France, qui tient garniſon à Monaco. Gènes porte le nom de *ſuperbe* à cauſe de la beauté de ſes Palais : la côte porte celui de *Riviere*, & quoique montagneuſe, elle eſt fertile en vin, en olives & en fruits. Le *Doge* ou Duc de la République, chef du Conſeil des Nobles, n’eſt en charge que pour deux ans. Savone eſt la ſeconde Ville de l'Etat ; il s'y fabrique beaucoup de velours.

3°. *La Lombardie Autrichienne*, com-posée des Duchés de *Milan* & de *Mantoue*. Milan est une des belles villes de l'Europe. Sa Cathédrale est un des beaux morceaux d'Architecture que l'Italie offre aux yeux des voyageurs, & rien n'égale la richesse & la magnificence de ses ornemens. Sa situation, sur des canaux qui communiquent à l'Adda & au Tesin, la rend très-mar-chande. On y travaille en galons, en brode-ries, en crystal, en soie, &c. Auprès de Milan, on trouve Rebec & la Bicoque : Agnadel, dans le territoire de Crême : Cassano & Lodi, sur l'Adda : Pavie, autrefois la Capitale du Royaume des Lombards, sur le Tesin : Crémone, sur le Pô ; Marignan, entre Milan & Pavie. Mantoue, sur le Mincio, au milieu d'un marais, est mal-saine & peu peuplée. *Le* Milanez est très-fertile.

4°. Les Duchés de *Parme*, *Plaisance*, & *Guastalla*, à un Prince de la branche Espagnole de Bourbon. Parme, sur le Par-ma, & Plaisance sur la Trébia, sont belles & bien peuplées ; Fornove au sud-ouest de Parme.

5°. Le Duché de *Modene* : c'est un fief masculin de l'Empire. Le Duc, de l'an-cienne maison *d'Est*, paye tous les ans 50000 écus à l'Empereur. Cet état renferme les

Duchés

Duchés de Modene, de Reggio, de la Mirandole ; & les Principautés de Carpi, de Correggio & de Maſſa.

6°. Enfin la Seigneurie de *Veniſe*, la plus ancienne des Républiques d'Europe. Son Gouvernement eſt Ariſtocratique, & la dignité de Doge y eſt à vie. Elle comprend 14 pays depuis le Bergamaſc juſqu'à l'Iſtrie, incluſivement. Veniſe eſt le Siége d'un Patriarchat ; cette ville bâtie ſur 72 îles, & percée d'un grand nombre de canaux, eſt une des plus belles, des plus célebres & des plus marchandes du monde. Elle eſt ſurnommée la *Riche*. Son Carnaval y attire beaucoup d'étrangers. Vérone à l'oueſt de Padoue, eſt la ſeconde ville de l'Etat ; cette ville eſt la patrie de Catulle, de Vitruve, de Pline l'ancien, & de Paul Véroneze, peintre célebre. Le Doge de Veniſe épouſe tous les ans la mer Adriatique. Sa nobleſſe eſt la plus ancienne de l'Europe, comme celle d'Allemagne eſt la plus pure.

Remarquez le lac de *Garde* dans les Etats de Veniſe : le lac de *Come* & le lac *Majeur*, dans le Milanez.

Italie du Milieu.

Elle renferme 1°. le *grand Duché de Toſcane*, autrefois l'Etrurie. C'eſt la patrie

C

de *Michel-Ange* & l'ancien patrimoine de la maison de *Médicis* éteinte en 1736. Florence, sur l'Arno, surnommée la *Belle*, en est la Capitale, la patrie de *Galilée* & la résidence du Grand-Duc, frere de l'Empereur actuel. Sa Bibliotheque est une des plus riches de l'Europe. Les voyageurs admirent la construction de la tour penchante de Pise. Le port de Livourne est très-fréquenté. Sienne est la patrie d'Alexandre VII.

Lucques, est une petite République Aristocratique, sous la protection de l'Empire, & dont le chef nommé *Gonfalonier*, change tous les deux mois. La Principauté de Piombino & l'île d'Elbe connue par ses mines de fer & d'aimant, appartiennent à un Prince Napolitain : mais le Grand-Duc tient garnison à Porto-Ferraio, & le Roi de Naples à Porto-Longone. Celui-ci est encore maître d'Orbitello, place forte, au milieu d'un étang salé.

2°. *L'Etat de l'Eglise* au Pape. Il comprend 12 pays assez fertiles, depuis le Ferrarez, au nord, jusqu'à la campagne de Rome, inclusivement. Rome, la Capitale du Monde Chrétien, renferme un grand nombre de Palais magnifiques & une infinité de précieux restes de son antique splendeur. L'Eglise de Saint Pierre est la plus superbe de l'Univers ; son dôme passe pour le morceau d'architecture le plus hardi. Le Vatican, Palais de Sa Sainteté, est rempli de statues & de tableaux d'une rare beauté, & sa bibliotheque contient quantité de manuscrits & de livres rares. Les Florentins parlent l'Italien avec pureté, mais les Romains le parlent avec plus de grace ; de là, le proverbe *lingua Toscana in bocca Romana.*

Bologne surnommée la grasse, à cause de la fertilité de son terroir, est la seconde ville de l'Etat Ecclésiastique : entre Ravēne & Rimini où l'on voit un arc de triomphe en l'honneur d'Auguste, on trouve la petite riviere appellée autrefois le *Rubicon.* La petite République Aristocratique de Saint-Marin, est sous la protection du Pape. Urbin est la patrie du célebre Raphaël. Lorette est dans la Marche - d'Ancone. Pérouse, à l'est du lac de ce nom, autrefois le lac *Trasimene,* est la Capitale du Pérou-sin ; Orviete de l'Orviétan. Assise, au nord-ouest de Spolette Capitale de l'Ombrie, est la patrie de S. François. Monte-Fias-cone, dans le patrimoine de Saint Pierre, est renommée pour ses vins muscats. Les galeres du Pape sont à Civita-Vecchia. Os-tie, Castel-Gandolphe où les Papes ont une maison de plaisance, Frescati autrefois *Tus-culum,* Tivoli autrefois Tibur, Terracine, à l'est des marais Pontins , sont dans la campagne de Rome. C ij

Italie Méridionale.

Elle renferme les Royaumes de *Naples* & *de Sicile*, autrement dits le Royaume *des deux Siciles*, à un Prince de la maison de Bourbon de la branche Espagnole. Le Royaume de Naples, autrefois la *Grande Gréce*, se divise en quatre grandes Provinces, l'*Abruze*, la *Terre de Labour*, la *Pouille* & *la Calabre*, qui se subdivisent chacune en trois autres. La manne de la Calabre est très-estimée.

Naples, dans le Labour propre, Capitale de cette Monarchie, bâtie en amphithéâtre sur le bord de la mer, est une des plus belles villes de l'Europe. On la surnomme la *Noble* & la *Gentille*. On y conserve du sang dit de Saint Janvier, & son Orchestre passe pour être le meilleur de l'Italie.

On trouve encore dans le Labour, Arpino, la patrie de *Cicéron* & de *Marius*, au nord d'Aquino; Capoue, Nola, où mourut *Auguste*; Pouzzol, à l'ouest de Naples; Portici, maison royale entre Naples & le Vésuve, bâtie sur les ruines de l'ancienne *Herculanum*, ensevelie sous la lave du Vésuve, l'an 79 de J. C. sous le regne de l'Empereur *Tite*. Entre Pouzzol & Naples, & au-delà du mont Pausilippe percé d'un bout à l'autre pour établir une communication entre ces deux villes, on voit la fameufe grotte du Chien fur le bord du lac Agnano. Au nord de ce lac, eft une montagne au milieu de laquelle on trouve la *Solfatara* ou la Soufriere : c'eft une petite vallée dont le terrein bitumineux & peu ferme eft dans une effervefcence continuelle. On y ramaffe quantité de foufre. Entre Pouzzol & le cap de *Mifene*, font les ruines de *Bayes*, au fud de celles de *Cumes*, l'ancien lac *Averne* entre deux.

Le Duché de Bénévent appartient au Pape. Salerne eft la Capitale de la Principauté citérieure. Brindes au nord-eft de Tarente, dans la Terre d'Otrante, a vu mourir *Virgile*. Crotone au fud-eft de *Sibaris*, dans la Calabre ultérieure, eft la patrie du fameux Athlete *Milon*.

La *Sicile* fe divife en trois vallées; 1°. le *Val Demona* où eft l'Ethna; 2°. le *Val de Noto* où eft Syracufe, la patrie d'*Archimede*; 3°. le Val de *Mazara* où eft Palerme, grande & belle ville, Capitale de la Sicile, & le féjour du Vice-Roi.

Le Royaume de Naples eft une des plus belles & des meilleures parties de l'Italie. Mais la terre y recele dans fon fein une étonnante quantité de matieres volcaniques qu'elle ne peut pas toutes vo-

mir par les bouches du Vésuve & de l'Ethna; ce qui expose les parties intermédiaires
à de fréquens tremblemens de terre. Ceux
du mois de Février 1783, ont réduit les
territoires de Messine & de la Calabre
ultérieure en un vaste désert couvert de
cendres & de ruines.

Ce Royaume doit foi & hommage au
Pape; c'est pour cela que tous les ans, à la
Saint Pierre, le Roi fait présenter la *haque-*
née blanche au Saint Pere.

Les Iles dépendantes de l'Italie.

Outre celles dont nous avons déjà parlé,
il y a encore l'île ou le Royaume de *Corse*;
l'île d'*Ischia* & l'île de *Capri* fameuse par
la retraite de l'Empereur *Tibere*, à l'entrée
du golfe de Naples; les îles de *Lipari*
où *Eole* avoit établi son empire, au nord
de la Sicile; l'île de *Malte*, & quelques
autres peu importantes.

Le Royaume de Corse appartient à la
France. L'air y est peu sain; le terroir sablo-
neux & mêlé de rochers, n'y est guère
fertile qu'en vin, en huile & en châtaignes.
Les peuples sont jaloux de leur liberté,
& bons soldats. On y compte cinq évêchés,
Ajacio, Sagona, Mariana, Nebbio, Alé-
ria. La Bastia, sur la côte orientale, en
est la Capitale & le Siége d'un Conseil
souverain. Cette ville est assez bien bâtie,

mais son port manque de profondeur.

Les îles de Lipari sont au nombre de dix. Celle de *Vulcano* est un volcan dans sa plus grande activité. Celle de *Lipari* est couverte de débris volcaniques & d'étuves bouillonnantes. Elle fournit des pierres ponces à toute l'Europe. *Stromboli* est le seul volcan connu qui n'ait aucun temps de tranquillité.

L'île de Malte appartient à l'Ordre de Saint-Jean de Jérusalem. Le grand maître de l'Ordre (de Rohan de Polduc) réside à Malte, ville très-forte, Capitale de l'île. On n'y voit point de bêtes venimeuses. L'air y est fort sain, quoique chaud. Le terroir peu fertile en blé, produit du coton, des raisins & des oranges excellentes. Long. or. 12ᵈ. 8′. 30″.. lat. 35ᵈ.. 54′.

N. B. Les Grecs appelloient l'*Hespérie* toute cette partie d'Europe qui est à l'ouest de l'ancienne Grece, savoir, l'Italie, l'Espagne & le Portugal.

III.

DE LA TURQUIE D'EUROPE.

La *Turquie d'Europe* est la plus petite partie de l'Empire Turc. L'Empereur (Abdoul-Hamet) porte le titre de *Sultan*, de *Grand-Turc*, de *Grand - Seigneur*, ou de

Hautesse, & sa cour est appelée la *Porte-ottomane*, (de la grande porte de son Serrail, & d'Ottoman premier Empereur des Turcs), ou simplement *la Porte*. Son Gouvernement est Despotique : ses meilleures troupes d'Infanterie & de Cavalerie, sont les *Janissaires* & les *Spahis*. Le *Grand-Visir*, Premier Officier de la Couronne, est Chef du *Divan* ou Conseil : il est chargé du Sceau de l'Empire, du Commandement des Armées, de la Justice Civile & Criminelle, &c. Son étendard est composé de cinq queues de cheval teintes en rouge. Son Lieutenant est appelé le *Caïmacan*. Le *Capitan-Bacha* commande les flottes. L'*Aga*, est le Colonel-Général des Janissaires. Les Gouverneurs généraux des Provinces portent le nom de *Bacha* à une, à deux, ou à trois queues, suivant leur dignité.

Le *Grand Mutfi* est le chef de la Religion Mahométane, de la secte d'Omar. Cette Religion, qui permet la pluralité des femmes, a ses Mosquées ou Temples, ses Imans ou Prêtres, ses *Dervis* espéce de Religieux, & son *Ramadan*, jeûne d'un mois, que les Turcs observent avec une rigueur sans exemple, avant leur *Bairam* qui est comme notre fête de Pâques. Ils reglent l'année civile sur le mouvement de la lune. Cette année est plus courte de 11 jours que l'année folaire.

Les Turcs, en général, font de belle taille, robuftes, graves, fobres, ayant peu de goût pour les Lettres & pour les Arts, amateurs du luxe & de l'oifiveté, tolérants, charitables envers les étrangers, mais durs à l'égard des prifonniers chrétiens. L'air de la Turquie d'Europe eft froid vers le nord, à caufe du voifinage des montagnes; chaud vers le midi. Le terroir y eft affez fertile, mais il eft mal cultivé.

On divife la Turquie d'Europe en *Septentrionale* & *Méridionale*.

Turquie Septentrionale.

Elle comprend neuf Provinces : trois au nord du Danube, favoir : la *Moldavie*, la *Valaquie* & la *Beffarabie* : elles font gouvernées par des *Hofpodars* ou *Vaivodes*, efpece de petits defpotes tributaires du Grand Seigneur. On en tire d'excellents chevaux.

Six au midi tant du Danube que de la Save; favoir la *Croatie-Turque* dont Bihacz eft la Capitale; la *Bofnie* peu fertile; la *Dalmatie*; les Turcs la partagent avec les Vénitiens, qui poffédent la partie du Nord Oueft; & avec la République Ariftocratique de *Ragufe*, laquelle, pour conferver fa liberté, paye tribut au Grand Turc qu'elle craint, aux Vénitiens qu'elle

hait, à l'Empereur & au Pape pour se
les ménager. Raguse est le Siége d'un Archevêché Catholique, grande & commerçante. Le Doge n'y est en charge que
pour un mois. La *Servie* peu peuplée,
dont la Capitale est Belgrade, sur le Danube; la *Bulgarie* dont la Capitale est Sophie;
enfin la *Romanie*, anciennement la *Thrace*,
où est Constantinople, autrefois *Byzance*.

Cette ville bâtie sur le détroit que les
anciens appeloient le *Bosphore de Thrace*,
est la résidence d'un Patriarche, chef de
la Religion schismatique Grecque répan-
due dans presque toutes les parties de cet
Empire. C'est une des plus grandes villes
de l'Europe. Elle est peuplée de Turcs,
de Chrétiens-Grecs & de Juifs. Ses rues
sont étroites, ses maisons basses & de bois.
Elle est sujette à la peste, aux incendies
& aux tremblements de terre. Ses mosquées
sont magnifiques. Son port passe pour le
plus sûr & le plus beau de l'Europe, &
sa situation pour la plus belle & la plus
avantageuse. Les Sultans vont assez souvent
respirer le bon air à Andrinople. Gallipoli,
sur le détroit de ce nom, autrefois l'*Hel-
lespont*, est fort marchande. L'entrée du
détroit est défendue par les Châteaux des
Dardanelles.

Turquie Méridionale.

La Turquie Méridionale répond à l'ancienne *Grèce*, où les Romains alloient puiser le goût des lettres & des arts, célèbre par les grands personnages en tout genre qu'elle a produits & par l'urbanité de ses habitans; aujourd'hui languissante, à cause de l'oppression qui y régne, & où l'on ne voit plus que de foibles restes de ces villes dont le nom remplissoit l'Univers. On la divise en *terre-ferme* & en îles.

La Terre-Ferme.

Elle contient quatre Provinces, savoir, 1°. l'*Albanie* : elle se divise en haute & basse. Scutari, Evêché Grec, est la Capitale de la haute. La basse répond à l'ancienne *Epire* ; on y trouve l'Arta, ville marchande sur le golfe de ce nom à l'entrée duquel étoit le port d'*Actium.*

2°. La *Macédoine* ; les Turcs la divisent en trois parties, 1°. l'*Iamboli*, où l'on trouve la Cavale, une des plus célebres Echelles du Levant (*a*), & Salonique Capitale, autrefois *Tessalonique*, où les Juifs font un grand commerce en soie ; 2°. la *Veria* où est Jenizzar, bâtie sur l'ancien fleuve

____

(*a*) Echelle vient du vieux mot *escala*, qui signifie *port de mer.*

Erigon & fur les ruines de l'ancienne **Pella** ;
la patrie d'*Alexandre* & la Capitale de fon
Royaume ; 3°. la *Janna*, autrefois la *Theffa-
lie*, où font Lariffa, Capitale fur l'ancien
fleuve *Pénée*, au-deffus de la *délicieufe vallée de Tempé*, & où l'on trouve les reftes de
l'ancienne *Pharfale* fous le nom de Farfa.

3°. La *Livadie* ; elle communique à
la Janna par le célèbre défilé des *Thermo-
pyles* aujourd'hui Bocca-di-lupo : elle renferme de l'oueft à l'eft, l'*Ætolie*, la *Phocide*
la *Béotie*, & l'*Attique* des anciens, & on
y voit encore les reftes de Delphes, de
Thebes & d'Athenes, fous les noms de
Caftri, Thiva & Setines ; *Mégare a con-
fervé fon nom.*

4°. La *Morée*, autrefois le *Péloponefe* ;
prefqu'ile qui tient à la Livadie par l'ifthme
de Corinthe, ville célèbre par fes richeffes
& par fon goût pour les beaux arts. Patras
près du golfe de Lépante, eft le Siège d'un
Archevêché Grec. On voit les ruines de
l'ancienne *Olympie*, près de Longonico,
fur le fleuve Alphée ; celles de *Sparte*,
près de Mifitra, & celles de l'ancienne *Argos*, au fud-eft de la forêt de Nemée. C'eft
de Napoli de Malvoifie qu'on tire les
vins proprement appelés de Malvoifie.

Le port de Maina, vers le cap Matapan,
appartient aux *Mainotes*, iffus des anciens
Lacédémoniens, & qui, à la faveur des

montagnes qu'ils habitent, ont su jusqu'ici, défendre leur liberté contre les Turcs : ils font le métier de corsaires.

Les Iles.

Les principales sont, 1°. dans la mer *Ioniene*, les îles de Corfou autrefois *Corcyre;* de Sainte-Maure ; de Céphalonie, à l'ouest de la petite île d'*Ithaque ;* de Zante & de Cérigo, autrefois *Cythere*, fertiles en vins & en olives, aux Vénitiens.

2°. Dans le Golphe d'Engia, *Salamine*, aujourd'hui Colouri. Dans l'Archipel, autrefois la mer *Ægée*, l'île de Négrepont, l'*Eubée* des anciens, séparée de la Livadie par le célèbre détroit de l'*Euripe :* l'île de Candie ou de *Créte*, fertile en vins, en fruits exquis, en cannes à sucre, &c. L'air & l'eau y sont excellens : les *Cyclades* parmi lesquelles on distingue l'île Andro, très-agréable & très-fertile ; l'île de Paros renommée pour ses beaux marbres ; les Français, les Anglais & les Hollandais y ont un Consul. Enfin les Sporades ou les îles dispersées : aux Turcs.

ETATS DU MILIEU DE L'EUROPE.

I.

DE LA FRANCE.

CE Royaume qui subsiste depuis près de quatorze siecles, dans le pays que les

Romains appeloient la *Gaule Tranſalpine*
(au delà des Alpes, par rapport à l'Italie),
cccupe la partie la plus tempérée de l'Europe. Il eſt renommé pour la variété, la
richeſſe & la fertilité du ſol qui fournit
abondamment tout ce qui eſt néceſſaire
aux beſoins & aux commodités de la vie,
à vingt millions d'habitans actifs & laborieux. L'Etat eſt compoſé de trois corps,
ſavoir, le Clergé, la Nobleſſe & le Peuple
appelé le *Tiers-Etat*. La Nation eſt recom-
mandable pour ſon attachement à ſes Rois
& aux principes d'honneur; pour les chef-
d'œuvres de Littérature qu'elle a produits,
pour ſes progrès dans les ſciences, les
arts libéraux & mécaniques; & même pour
ſon bon goût dans les arts d'agrément,
ſa politeſſe & ſon affabilité. Le Roi porte
le titre de *très-chrétien* & de *Fils aîné de
l'Egliſe*. Sa Couronne eſt héréditaire, comme celle de tous les Gouvernemens Mo-
narchiques, mais avec cette différence que,
ſelon le Code Salique, elle ne peut tomber
de *lance en quenouille*.

La ſuperficie de la France contient environ cent millions d'arpens, en comptant
l'arpent de 100 perches quarrées à 22 pieds
pour perche. On y compte 34 Généralités
ſous un même nombre d'Intendans : 135
Diocèſes, en y comprenant les quatre du
Comtat d'Avignon ; & 16, tant Parlemens,

que Conseils Supérieurs ou Provinciaux.
On la divise en 32 grands Gouvernemens
Militaires (*a*).

Huit au Nord.

La *Flandre Françoise*, dont la Capitale est Lille,
place forte, sur la Deule.
Le Parlement est à Douai,
place forte, sur la Scarpe.

L'*Artois*...........Arras, †, Conseil provincial,
place forte sur la Scarpe (*b*).

La *Picardie*.........Amiens, †, sur la Somme.

La *Normandie*.......Rouen, ‡, Parlement, sur
la Seine.

L'*Isle de France*......Paris, ‡, Parlement, sur
la Seine.

La *Champagne*......Troyes, †, sur la Seine.

La *Lorraine*.........Nancy, †, Parlement, sur
la Meurte.

Et l'*Alsace*..........Strasbourg, †, Sénat supérieur, sur l'Ill.

Treize au milieu.

La *Bretagne*........Rennes, †, Parlement, sur
la Vilaine.

Le *Maine & Perche*...Le Mans, †, & Mortagne,
proche la Sarte.

(*a*) Auguste la divisa en six parties principales,
savoir ; la *Belgique*, au nord de la Seine & de la
Marne. La *Lyonnaise*, entre la Seine, la Loire &
la Sône. L'*Aquitaine* entre la Loire, la Garonne, le
Tarn & le Rhône. La *Novempopulanie*, entre la
Garonne & la mer. La *Narbonnaise*, au sud : celle-
ci étoit coupée en deux par la *Viennoise* qui s'é-
tendoit à l'orient du Rhône, depuis Lyon jusqu'à
la Méditerranée.

(*b*) ‡, Archevêché, † Evêché.

L'*Anjou* ....Angers, †, fur la Mayenne.
La *Tourraine*........Tours, ‡, fur la Loire.
L'*Orléanais*.........Orléans, †, fur la Loire.
Le *Berri*.............Bourges, ‡, fur l'Ieure &
　　　　　　　　　l'Auron.
Le *Nivernais*........Nevers, †, fur la Loire.
La *Bourgogne*.......Dijon, †, Parlement, fur
　　　　　　　　　l'Ouche.
La *Franche-Comté*...Befançon, ‡, Parlement,
　　　　　　　　　place forte, fur le Doux.
Le *Poitou*...........Poitiers, †, fur le Clain.
L'*Aunis*............La Rochelle, †, Port de mer.
La *Marche*..........Gueret, fur la Guartampe.
Et le *Bourbonnais*....Moulins, fur l'Allier.

Onze au Midi.

La *Saintonge* & l'*Angoumois*, Saintes & Angou-
　　　　　　　　　lême, ††, fur la Charente.
Le *Limoufin*.........Limoges, †, fur la Vienne.
L'*Auvergne*..........Clermont, †.
Le *Lyonnais*........Lyon, ‡, Primat, fur le
　　　　　　　　　Rhône & la Sône.
Le *Dauphiné*........Grenoble, †, Parlement, fur
　　　　　　　　　l'Ifere.
La *Guienne*.........Bordeaux, ‡, Parlement,
　　　　　　　　　fur la Garonne.
Le *Languedoc*.......Touloufe, ‡, Parlement, fur
　　　　　　　　　la Garonne.
La *Provence*.........Aix, ‡, Parlement.
Le *Béarn* & la *Navarre*.Pau, Parlement, fur le Gave,
　　　　　　　　　& Saint-Jean-pied-de Port,
　　　　　　　　　fur la Nive.
Le *Comté de Foix*...Foix, fur l'Ariége.
Et le *Rouffillon*......Perpignan, ‡, Confeil fou-
　　　　　　　　　verain, place forte, fur le
　　　　　　　　　Tet.

'A ces 32 grands Gouvernements, on

en ajoute 8 petits qu'on appele *Gouvernemens de ville*; favoir, 1°. *Paris*, la patrie de Molière & de Boileau. Cette ville contient environ huit cents mille habitans; elle paſſe pour la plus riche, la plus peuplée & la plus floriſſante de l'Europe. 2°. Le *Havre*, en Normandie; 3°. *Boulogne* †, Capitale du *Boulenais*, en Picardie; 4°. *Sédan*, Principauté, place forte où naquit le Maréchal de Turenne, au nord de la Champagne, ſur la Meuſe; 5°. *Mets* †, Parlement, place forte ſur la Mozelle, Capitale du *Pays-Meſſin*; les Juifs y ont une Synagogue; 6°. *Toul* †, ſur la Moſelle, Capitale du *Toulois*; 7°. *Verdun* †, place forte ſur la Meuſe, Capitale du *Verdunais*. C'eſt ce qu'on appele en Lorraine, les trois Evêchés; 8°. *Saumur*, ſur la Loire, Capitale du *Saumurais*, en Anjou.

II.

Gouvernemens du Nord.

I. La Flandre-Françaiſe : elle contient trois petits pays; 1°. la *Flandre-propre* : on y trouve Caſſel; Mons-en-Puelle au nord de Douai; Marchiennes, ſur la Scarpe; Denain, ſur l'Eſcaut; Bouvines au ſud-eſt de Lille; & Commines au nord. 2°. Le *Cambreſis*; Cambrai ‡, Capitale au nord-oueſt de Cateau - Cambreſis; 3°. le *Hainaut-Français*; Valenciennes, Capitale, & Bouchain, fur l'Efcaut : le Quenoi, fur la Deule ; Maubeuge & Landrecie place forte fur la Sambre.

I I. Le *Comté d'Artois ; Pays d'Etats* ; Saint-Omer †, fur l'Aa ; Aire place forte, fur la Lys : Lens, au nord-oueft, & Azincourt, au nord d'Arras.

III. La *Picardie* ; elle fe divife en *haute* & *baffe* : la haute à l'orient, contient 1°. le *Santerre* : fa Capitale eft Péronne, place forte fur la Somme. 2°. le *Vermandois* a pour Capitale Saint-Quentin, place forte fur la Somme. 3°. La *Thiérarche* peu fertile : Guife, Capitale, la Fére & Saint-Gobin célèbre par fa Manufacture de glaces, font fur l'Oife. Vervins, au fud-eft de Guife. La Baffe *Picardie* contient le *Pays reconquis*, au nord du Boulenais, & le *Ponthieu* dont la Capitale eft Abbeville, fur la Somme.

Ces trois Gouvernemens font fertiles en blé, pâturages, huile de colfat & de navette, pommes à cidre, laines, lin, chanvre ; commerce de dentelles, de cheveux, de toiles, linons & batiftes. Point de vin. Peu de bois. En bien des endroits on brûle du charbon de terre & de la tourbe, matiere fibreufe, noirâtre, graffe & inflammable, qui fe trouve dans des endroits marécageux à une petite profondeur.

IV. La *Normandie* se divise aussi en *haute* & *basse* : la haute comprend trois Diocèses, de *Rouen*, de *Lisieux* & d'*Evreux*. Le Diocèse de Rouen se subdivise en trois petits pays ; le *pays de Caux* renommé pour sa volaille & sa fertilité : on y trouve le Comté d'Eu, sur la Bresle ; Arques, au sud-est de Dieppe, Fécamp, & Caudebec, Capitale sur la Seine. 2°. Le *pays de Bray* renommé pour ses beurres & ses fromages ; Gournai, sur l'Epte, Aumale, sur la Bresle. 3°. Le *Vexin-Normand* où sont Gisors & Andeli : Ivri & Louviers, sur l'Eure.

On compte quatre Diocèses dans la *basse* ; *Coutances*, *Bayeux*, *Avranches* & *Séez*. Dans celui de Bayeux, on voit Caen, sur l'Orne, la seconde ville de Normandie, & la patrie de Malherbe & de Segrais. Corneille & Fontenelle, son neveu, sont nés à Rouen. Le Mont-Saint-Michel, dans la mer, est du Diocèse d'Avranches. Le cap de la Hogue est célèbre par la défaite de Tourville. Les îles de *Jersey* & *Grenesey* bien peuplées, sont entre les mains des Anglais .... Fertilité, cidre & chevaux de Normandie.

V. L'*Ile de France* contient dix petits pays, savoir, 1°. Le *Beauvaisis*, Capitale, Beauvais †, sur le Thérin, au nord-ouest de Clermont. 2°. Le *Laonnais*,

Capitale Laon †, au fud-eft de Noyon †,
la patrie de Calvin. 3°. Le *Soiſſonnais* :
Capitale Soiſſons †, fur l'Aîne. 4°. Le *Valois*
a pour Capitale Crépi. On y trouve Compiegne, maifon Royale fur l'Oife ; Senlis † ;
Chantilly, maifon de plaifance du Prince
de Condé ; & la Ferté-Milon, patrie du
Poëte Racine. 5°. Le *Vexin - Français* a
pour Capitale Pontoife. 6°. Le *Mantois* ;
fa Capitale eft Mantes, fur la Seine. Meulan,
Poiſſy, Saint-Germain-en-Laye & Saint-
Cloud, maifons Royales, font auffi fur la
Seine. Dreux, Marly & Verfailles, maifons
Royales, au fud. 7°. L'*Ile de France propre* ;
on y voit l'Abbaye de Saint-Denis où eft
la fépulture de nos Rois. Saint-Maur, au
Prince de Condé ; Sceaux, au Duc de Pen-
thievre ; Vincennes & Choify , maifons
Royales. 8°. Le *Hurpoix* ; Rambouillet ,
maifon Royale, & Montlhéri. 9°. La *Brie-*
Françaife a pour Capitale Brie-Comte-Ro-
bert. Corbeil eft fur la Seine. 10°. Dans le
Gâtinais - Français on trouve Melun, fur la
Seine ; Montereau, au confluent de l'Yonne
& de la Seine ; Fontainebleau, maifon
Royale, Nemours, fur le Loin, au nord-
oueft de Courtenai .... Fertile en blé & en
fruits excellents. Vins au midi. Manufacture
de tapiſſeries, à Beauvais ; des glaces, de la
Savonerie, des Gobelins à Paris ; de porce-
laines à Séve près de Saint-Cloud, &c.

Les forêts de Compiegne, de Chantilly, de Saint-Germain, de Senar, au sud-eſt de Melun, de Fontainebleau, avec les bois de Boulogne, de Vincennes, de Saint-Maur, &c. ont enſemble plus de 160000 arpens.

VI. La *Haute Champagne* contient 1°., le *Rhetelois*; Rhetel ou Mazarin, Capitale; Rocroi dans la forêt des Ardennes, & Mezieres, ſur la Meuſe, places fortes; 2°. le *Remois*; Reims ‡, ſur la Vêle, Capitale; Sainte-Menehoud, ſur l'Aîne; Epernai, ſur la Marne; 3°. le *Pertois* dont la Capitale eſt Vitri-le-Français, ſur la Marne.

La *Baſſe-Champagne* contient, 1°. la *Brie-Pouilleuſe*; Château-Tierry, ſur la Marne, eſt ſa Capitale & la patrie de *la Fontaine*; & la *Brie Champenoiſe* où ſont Meaux †, ſur la Marne, & Provins; 2°. la *Champagne-propre* où eſt Châlons-ſur-Marne †; 3°. le *Vallage* où ſont Vaſſi & l'Abbaye de Clairvaux, au ſud-eſt de Bar-ſur-Aube; 4°. le *Senonais* dont Sens ‡, ſur l'Yonne, eſt la Capitale; Tonnerre & Chablis, au ſud-eſt de Sens; 5°. le *Baſſigny* où l'on trouve Vaucouleurs, ſur la Meuſe, Langres †, & Chaumont..... vins blancs & rouges de Champagne; ſeigle. Peu de bois & de pâturages.

VII. La *Lorraine*: au nord, Montmédi; Thionville, ſur la Moſelle; Sar-Louis,

fur la Sare, places fortes. A l'oueſt, Bar-le-
Duc, fur l'Orney, & Pont-à-Mouſſon, fur
la Moſelle. Au ſud, Luneville, fur la Ve-
ſouze ; Mirecourt, Saint-Diez †, & l'Abbaye de Remiremont. Nanci eſt la patrie
de *Callot*.... Commerce en grains, vins,
toiles, dentelles, huile de navette. Belles
prairies, grandes forêts, mines de fer, puits
ſalés, violons. Antiquités Romaines.

VIII. L'*Alſace* eſt une province détachée de l'Empire depuis 1648. Elle ſe
diviſe en *Baſſe*, au nord ; en *Haute*, au
milieu, & en *Sundgaw*, au ſud. Dans
la Baſſe, on trouve Landau, fur le Queich ;
Fort-Louis, dans une île du Rhin, & Phal-
tzbourg au nord-oueſt de Saverne, places
fortes. Dans la Haute, Neubriſac, place
forte entre l'Ill & le Rhin, & la petite
ville de Turckein, à l'oueſt de Colmar.
Dans le Sundgaw, Béfort, Huningue, fur
le Rhin, places fortes. Mulhauſen eſt une
petite ville libre, Calviniſte, alliée des
Suiſſes.

Straſbourg eſt une grande & belle ville,
bien fortifiée. Le Luthéraniſme y eſt permis. Elle a un Sénat qui connoît des affaires
civiles & criminelles en dernier reſſort.
La langue vulgaire eſt l'Allemande.....
fertile en grains, légumes, vins, bois, lins,
tabac, bons pâturages. Mines de cuivre,
de plomb, &c.

III.

Gouvernemens du Milieu.

I. La Bretagne, anciennement l'*Armorique*, se divise en *Haute* & *Basse* : celle-ci, à l'ouest, renferme quatre Evêchés, savoir, Saint-Paul-de-Léon, au nord-ouest de Morlaix, où la marée porte les plus grosses barques; Tréguier, Quimper & Vannes. L'île d'Ouessant est peu considérable. Belle-île est très-fertile & bien peuplée.

On compte cinq Evêchés dans la *Haute*; Saint-Brieux au nord-ouest de Lamballe; Saint-Malo, la patrie de Duguay-Trouin, à l'ouest de Cancale renommée pour ses huîtres; Dol, Rennes, au sud-ouest de Saint-Aubin, & Nantes, sur la Loire... *Pays d'Etats.* Peu de blé, peu de vin. Commerce en toiles, cordages. Bons pâturages. Bon beurre, beau sel. Bois, mines de plomb.

II. Le *Bas-Maine* a pour Capitale Mayenne, sur la riviere de ce nom, ainsi que Laval. Nogent-le-Rotrou est dans le Perche, sur l'Huine; l'Abbaye de la Trappe, au nord de Mortagne....... Le Perche est plus fertile que le Maine. Blé, vin, chanvre. Beaucoup de gibier. Volailles, bougies, étamines du Mans.

III. Dans le *Haut-Anjou* on trouve Château-Gontier, sur la Mayenne. Le cœur

de Henri .IV repose dans la Chapelle
du superbe Collége de la Fléche, sur le
Loir. Dans le bas, on voit le Pont-
de-Cé, sur la Loire ; & l'Abbaye de Fon-
tevrault, au sud-est de Saumur. .... blé,
vin, lin, carrieres d'ardoises.

IV. Dans *la Haute-Tourraine* on voit
Plessis-les-Tours & l'Abbaye de Marmou-
tier près de Tours. Dans la *Basse*, Amboise, sur la Loire, Capitale ; Loches où est
le tombeau d'Agnès Sorel, sur l'Indre ; la
Haye où naquit Descartes, sur la Creuse. ...
très-agréable & très fertile. Fruits de Tourraine. Manufacture d'étoffes de soie, à
Tours.

V. *L'Orléanais* comprend quatre petits
pays ; 1°. La *Beauce* appelée le grenier
de Paris ; elle renferme le *Pays-Chartrain*,
dont Chartres † au sud-ouest de Main-
tenon & à l'ouest d'Etampes, est la Capitale ; le *Dunois* où est Châteaudun sur le
Loir, & le *Vendomois* où est Vendôme.
2°. *L'Orléanais propre* ; le tombeau de Louis
XI est à Clery, au sud de la Loire, entre
Orléans † & Beaugenci. 3°. Le *Blaisois* a
pour Capitale Blois †, sur la Loire, à
l'ouest de Chambort ; Romorantin, au
sud-est. 4°. Le *Gâtinais Orléanais* : on
y trouve Gien, sur la Loire, & Mon-
targis, sur le canal de Briare qui communique de la Loire à la Seine, par le
Loin,

Loin, comme celui d'Orléans....... blé,
fruits, gros vins d'Orléans.

VI. Le Cher divife le *Berri* en *Haut*
& *Bas* : dans celui-ci on trouve Iſſoudun
Capitale; dans le Haut, Sancerre, près de
la Loire; le tombeau de Jeanne de Valois
eſt à Mehun-ſur-Yevre.........*Pays
d'Etats :* fertile en blé, vins, bois & pâturages. Laines du Berri.

VII. Le *Nivernais*; le fauxbourg de
Clamecy a le titre d'évêché ſous le nom
de *Bethléem*. Cône, la Charité & Decize
ſont ſur la Loire...... manufactures de
fayence & d'émail. Forges. Charbons de
terre & de bois. Mines de fer. Carrieres
de très-belles pierres.

VIII. La *Bourgogne* ſe divife en huit
petits pays, outre ſes *annexes*; 1°. l'*Au-
xerrois* ; Auxerre †, Capitale ſur l'Yonne.
2°. L'*Auxois*; Semur, ſur l'Armançon, Capitale, Avalon, à l'oueſt : Arnai-le-Duc,
au ſud-eſt. 3°. Le *pays de la Montagne*;
Chatillon-ſur-Seine Capitale, au ſud-eſt
de Bar. 4°. Le *Dijonais* où l'on recueille
les bons vins de Nuitz, de Beaune, &
de Pomard. Dijon eſt la patrie de Boſſuet,
de Crébillon, de Rameau, de Piron. 5°.
L'*Autunois* prend ſon nom d'Autun †, où
l'on conferve de beaux reſtes d'antiquité.
6°. Le *Châlonais*, de Châlons-ſur-Saone †;
l'Abbaye de Cîteaux, au nord. 7°. Le
D

Mâconais, de Mâcon †, fur Sône; l'Abbaye de Clugny, au nord-oueft. 8°. Le *Charolais*, de Charolles,

Les *Annexes* de la Bourgogne, font 1°. la *Brefſe* dont la Capitale eft Bourg. 2°. La Principauté de *Dombes* dont la Capitale eft Trévoux, fur la Sône. 3°. Le *Bugey* dont la Capitale eft Belley †. 4°. Le *Valromey* & le *pays de Gex* où eft le Fort-de-la-Clufe, paffage important fur le Rhône.......... *Pays d'Etats.* grains, bois, gibier, mines de fer. Vins de Bourgogne.

IX. La *Franche-Comté* fe divife en quatre *Bailliages*; favoir, de *Vefoul*, de *Befançon*, de *Dôle*, fur le Doux, & d'*Aval* dont la Capitale eft Salins, ainfi nommée de fes fources d'eaux falées. A l'eft de Vefoul on voit la fameufe caverne d'où fort un petit ruiffeau glacé en été, & qui coule en hiver. Au fud-oueft de Salins, eft Arbois; Pontarlier, fur le Doux; Saint-Claude †, au fud..........Fertile en blé, en fruits. Pâturages, chevaux, mines de fer, de plomb. Carrieres de beau marbre, de jafpe, d'albatre. Vins d'Arbois.

X. Dans le *Haut Poitou* à l'orient, on trouve Chatelleraud, fur la Vienne : Vouillé, à l'oueft de Poitiers : Loudun & Moncontour, au nord-oueft : Lufignan, au fud-oueft; & Niort, fur la Seure. Fontenai-le-Comte, au nord-est de Luçon †, est la Capitale du *Bas Poitou*, moins beau & moins fertile que le Haut. L'île d'Yeu est petite. Celle de Noirmoutier a des marais salans & de bons pâturages.......... Commerce de bœufs, de mulets, de drogues & de viperes. Bois de haute futaie.

XI. L'*Aunis* est un petit pays très-fertile, très-commerçant & bien peuplé. L'île d'Oleron est fertile en vin & en blé. Celle de Ré n'a que du vin. Toutes deux abondent en sel, le meilleur de l'Europe.

XII. Le Dorat, sur la Seure, est la Capitale de la *Basse Marche*. Bourganeuf dans la *Haute*..........Tapisseries d'Aubusson. seigle, avoine. Bons pâturages.

XIII. L'Allier divise le *Bourbonnais* en *Haut*, à l'orient, & *Bas*, à l'occident. Celui-ci a pour Capitale Mont-Luçon, au sud-ouest de Souvigny. Mausolée de Montmorenci, à Moulins.........blé, bois, pâturages, fruits, gibier, eaux minérales.

IV.

Gouvernemens du Midi.

I. La Charente divise la *Saintonge* en *Haute* & *Basse*, celle-ci au nord, celle-là au sud. Saint-Jean-d'Angely & Taillebourg, sur la Charente, sont dans la Basse. Brouage renommée pour la bonté du sel qu'on tire de ses salines : Royan, vis-à-vis le Phare ou la tour de Cordouan, à l'embouchure de la Gironde ; & la Seigneurie de Pons, font dans la Haute. Cognac & Jarnac, fur la Charente, font dans l'*Angoumois*...... Très-fertile en blé, en vins, en fafran, plantes médicinales, pâturages, belles falines, beau ciel. Beaux reftes d'antiquité à Saintes. Huîtres vertes de Marennes. Eau-de-vie de Cognac.

II. La petite riviere de Vefere divife le *Limoufin* en *Haut*, au nord, & *Bas* au fud. Tulle †, fur la Correze, ainfi que Brive-la-Gaillarde, eft la Capitale du Bas Limoufin ; Turenne au fud........ feigle, avoine, châtaignes. Commerce de bœufs, de porcs, de chevaux, de papiers, de truffes & d'étoffes.

III. L'*Auvergne* fe divife en *Haute*, au fud, & *Baffe*, au nord. Saint-Flour †, à l'eft d'Aurillac, eft la Capitale de la Haute. La Baffe Auvergne contient la *Limagne* au milieu, pays extrêmement fertile à droite & à gauche de l'Allier fur lequel on trouve Brioude. Thiers eft à l'orient de Riom. Clermont eft la patrie de Pafchal.....commerce de chaudrons, d'huile de noix, fromages d'Auvergne & bons pâturages dans les montagnes de la Haute. Seigle, dans la partie occidentale de la Baffe. Commerce de bœufs & de mulets dans toute la province.

IV. Le *Lyonnais* renferme, 1°. le *Lyon-nais propre* où est Condrieu, sur le Rhône. 2°. Le *Beaujolais* où sont Ville-Franche Capitale, & Beaujeu. 3°. Le *Forez* a pour Capitale Montbrison, au nord-ouest de Saint-Etienne. Feurs, sur la Loire...... fertile en blé & en vin, quoique monta-gneux. Manufactures & marrons de Lyon. Fusils de Saint-Etienne.

V. Le *Dauphiné* est le titre des fils aînés de nos Rois, & la patrie du Chevalier Bayard. Le *Haut*, à l'orient, renferme sept petits pays montagneux & froids ; savoir, 1°. Le *Graisivaudan* ; Grenoble, au sud-ouest de la grande Chartreuse, est la patrie de Vaucanson ; Saffenage est renommée pour ses fromages. 2°. Le *Royanez* ; sa Capi-tale est Pont-de-Royan. 3°. Le *Briançonnais* ; sa Capitale est Briançon proche la Durance. 4°. Le *Diois* ; Die †, Capitale sur la *Drome.* 5°. Les *Baronies* ont pour Capitale le Buis, sur l'Ouveze ; Nihons, au nord-ouest, sur Eigues. 6°. Le *Gapençois* ; Gap † en est la Capitale. 7°. L'*Embrunois* ; sa Capitale est Embrun ‡, sur la Durance.

Le *Bas Dauphiné*, le long du Rhône, renferme, 1°. le *Viennois* dont la Capi-tale est Vienne ‡, sur le Rhône, à l'ouest de la Tour-du-Pin. Romans est sur l'Isere. 2°. Le *Valentinois* dont la Capitale est Valence †, proche le Rhône. Montélimart, au fud. 3°. Le *Tricaſtin* a pour Capitale Saint-Paul-trois-Châteaux †. La Principauté d'Orange, enclavée dans le Comtat d'Avignon, eſt une annexe du Dauphiné. Orange †, eſt la feule ville conſidérable qu'il y ait dans fon territoire...... les montagnes du Haut-Dauphiné abondent en fapins, en fimples, en pâturages & en gibier de toute forte. Celles de Briançon font couvertes de mélèfe, arbre qui produit la manne, le benjoin & l'agaric. Les vallées font plus ou moins fertiles en grains & en lin. Mines de fer, de cuivre. Gants de Grenoble. Le Bas eſt plus fertile. Il produit du blé, du vin, de la foie & des olives. Vins de l'Hermitage, de Saint-Peret, & de Côte-Rôtie aux environs de Thain, fur le Rhône.

VI. La *Guienne* eſt le plus grand de tous les Gouvernemens du Royaume. Elle comprend la *Guienne*, au nord; & la *Gaſcogne*, au fud.

La Guienne fe divife en fix petites Provinces. 1°. Le *Périgord* : pays montagneux, couvert de bois. Il abonde en noix, en châtaignes, en truffes, en gibier, mines de fer. Périgueux †, fur l'Iſle, au nord-eſt de Bergerac, fur la Dordogne, eſt la Capitale du *Haut*. Sarlat †, eſt la Capitale du *Bas*. 2°. La *Guienne propre* ou le *Bourdelais*, fertile en vins. On y trouve Libourne

& Coutras, fur l'Ifle : & le *pays de Médoc*, entre l'Océan & la Gironde. 3°. Le *Querci*; il eft fertile en blé, en vins, & fur-tout en pruneaux. Ses laines font eftimées. Cahors †, fur le Lot, eft la Capitale du Haut, & la patrie de Clément Marot. Montauban †, fur le Tarn, eft la Capitale du Bas. 4°. Le *Rouergue*, pays montagneux. Ses vallées font fertiles en pâturages, & on y nourrit quantité de bétail, & fur-tout des mulets. Mines de cuivre. Rhodez †, fur l'Aveirou, à l'eft de Ville-Franche, en eft la Capitale : Vabres †, eft au fud-ouell de Milhaud, fur le Tarn, non loin de Roquefort. 5°. Le *Bajadois* a pour Capitale Bajas †, au fud de Langon, fur la Garonne. 6°. L'*Agenois*, le pays le plus fertile de la Guienne, a pour Capitale Agen †, fur la Garonne.

La *Gafcogne* renferme huit petits pays. 1°. Les *Landes* peu habitées & peu fertiles; on en tire du liege & du goudron. Dax †, fur l'Adour, en eft la Capitale. 2°. Le *Condomois*, bon pays, a pour Capitale Condom †, fur la Baïfe, au fud-eft de Nerac. 3°. L'*Armagnac* eft très-fertile; fa Capitale eft Auch ‡, fur la Gers, au fud de Leitoure †. 4°. Le *pays des Bafques* produit peu de blé & de vin, mais il abonde en fruits. Il fe divife en *terre de Labour* dont la Capitale eft Bayonne †,

D iv

au nord-est d'Andaye. Les Juifs y ont
une Synagogue : & en *Vicomté de Soule*,
où est Mauléon. 5°. La *Chalosse* comprend
le *Tursan* dont la Capitale est Aire †, sur
l'Adour. 6°. Le *Bigorre* est peu fertile.
On en tire de bons chevaux & de beaux
marbres. Sa Capitale est Tarbes †, sur
l'Adour. 7°. Le *Cominge*; son commerce
consiste en grains, en bestiaux & sur-tout
en mulets. Saint-Bertrand †, près de la
Garonne, est sa Capitale; Lombez †, sur
la Save. 8°. Le *Couseran* : pays assez sem-
blable au précédent. Sa Capitale est Saint-
Lizier †.......... vins de Bordeaux, de
Grave, de Langon. Truffes du Périgord.
Fromage de Roquefort. Jambons de
Bayonne. Eau-de-vie d'Andaye.

VII. Le *Languedoc* est, après la Normandie & la Guienne, une des plus peuplées, des plus commerçantes & des plus
riches provinces de France. Il se divise
en *Haut & Bas*, & les *Cevennes*. Le Bas
est la partie la plus agréable & la plus
fertile. Elle abonde en blé, en vins, en
olives, en bestiaux & en fruits. On y éleve
beaucoup de vers à soie, ainsi que dans
les Cevennes. Les rivieres fournissent des
poissons exquis ; & les montagnes des
carrieres de marbre, d'albâtre, &c.

Le *Haut Languedoc* contient sept Diocèses : quatre au nord du canal royal

qui se jette dans la Garonne un peu au-dessous de Toulouse; savoir, Albi ‡, sur le Tarn. Lavaur †, & Castres †, sur l'Agout. Saint-Papoul †, entre Revel, Soreze & Castelnaudari, & proche du réservoir de Saint-Ferreol qui nourrit le canal. Trois au sud; Toulouse ‡, la patrie de Cujas & de Pibrac; Rieux †, sur la Rise, & Mirepoix †, sur le Lers.

Onze Diocèses dans le *Bas*; Alet †, sur l'Aude, au sud de Limoux. Carcassone †, sur l'Aude. Saint-Pons †. Narbonne ‡, sur le canal d'Aude. Beziers †, proche le canal royal, dans un pays charmant. Agde †, sur l'Eraut, au sud de Pezenas. Lodève †, sur l'Ergue. Montpellier †, entre Lunel & Frontignan. Alais †, au nord-ouest d'Anduse, sur le Gardon. Usez †, au sud-ouest du Pont-Saint-Esprit & de Bagnols. Aramon, renommée pour sa bonne huile, sur le Rhône. Nîmes †, entre Aigues-mortes, au sud, & Beaucaire, sur le Rhône, vis-à-vis Tarascon en Provence.

Sous le nom de *Cevennes*, on comprend trois petits pays montagneux; savoir, le *Gévaudan*, peu fertile; sa Capitale est Mendes †, sur le Lot. Le *Velai*; sa Capitale est le Puy †, la patrie du Cardinal de Polignac, proche la Loire. Le *Vivarais*; sa Capitale est Viviers †, petite

ville, fur le Rhône. Tournon eft vis-à-vis
Thain : Annonay, au nord. Aubenas &
Privas, au nord-oueft de Viviers........
Pays d'Etats. Draps de Lodève, de Car-
caffone; miel de Narbonne. Vins de Lunel, de Frontignan. Châtaignes des Cevennes. Manufactures d'étoffes & de bas
de foie, à Nîmes; de dentelles au Puy.
Marais falans de Peccais, de Sigean, &c.

VIII. La *Provence* fe divife en *Haute*
au nord, & *Baffe*, au fud. La Haute
contient fix Diocèfes : Apt †. Sifteron †,
fur la Durance, au nord-eft de Forcalquier
& de Manofque. Digne †, fur la Bléone.
Riez †, à l'oueft de Mouftiers. Senez †,
& Glandeves †, fur le Var, au fud de la
vallée de Barcelonnete. Tous pays montagneux, froids & affez femblables au
Haut Dauphiné.

La *Baffe Provence*, au fud de la Durance
& du Verdon, renferme fept Diocèfes;
favoir Arles ‡. Les marais du voifinage
en rendent l'air mal fain. Les pâturages
de l'île de la Camargue, & de la Crau,
au-deffous d'Arles, font excellents pour
les moutons. Salon eft à l'orient d'Arles :
on y conferve le tombeau du fameux
Aftrologue Noftradamus. Aix ‡; Marfeille †, Toulon ‡, Frejus †, Graffe †
& Vence †. Brignolles eft au nord-eft de
Toulon, Draguignan & Aulps, au nord-

ouest de Frejus. Les îles d'Hyeres & de Lérins sont peu fertiles & peu habitées.

Entre le Rhône & la Durance, se trouve le *Comtat-Venaissin*, au Pape. Les Juifs y ont plusieurs Synagogues. Il contient quatre Diocèses; savoir, Avignon ‡, sur le Rhône. Vaison †, sur l'Ouveze, au sud-est de Vauréas, la principale ville de ce Diocèse. Carpentras †, au pied du mont Ventoux : & Cavaillon +, proche la Durance........... La Provence est un *Pays d'Etats* sous le nom d'*Assemblées*. Le climat de la Basse Provence est à - peu - près le même que celui du Bas Languedoc & du Comtat-Venaissin. L'air y est chaud, le ciel pur & serein. Les voisinages du Rhône sont très-fertiles. Le reste manque de blé & de bons pâturages. Les orangers sont fort communs sur la côte la plus méridionale, entre Toulon & Vence. Par-tout on trouve des mûriers, de la vigne, des figuiers, des oliviers, &c. Peu de bois... huile d'Aix. Sauciffons d'Arles. Prunes de Brignolles. Anchois de Frejus. Parfums de Grasse.

Nîmes, Orange, Arles & Saint-Remi, au nord-ouest d'Arles, sont remarquables par les antiquités Romaines qu'elles conservent. Entre Nîmes & Avignon, on voit le fameux pont du Gard, à trois étages, sur le Gardon.

D vj

IX. Le *Béarn* eſt un pays montagneux qui ne produit guère que du ſeigle, du millet & des pâturages. Cependant il y a des plaines aſſez fertiles en blé, & des côteaux qui donnent un vin excellent. On y trouve Leſcar †, proche le Gave de Pau, & Oleron †, ſur le Gave d'Oleron. La Baſſe-Navarre eſt preſque ſtérile. Un défilé, en langage du pays, s'appelle *Port*........ *Pays d'Etats*......

X. Dans le *Comté de Foix*, on trouve Taraſcon & Pamiers †, ſur l'Ariege.... *Pays d'Etats*. Mines de fer. Poix. Liege, marbre.

XI. Dans le *Rouſſillon*, on trouve Ville-Franche Capitale de la Viguerie de *Conflent*; Belle-Garde, place forte dans les Pyrénées; & Mont-Louis, place forte, Capitale de la *Cerdagne-Françaiſe*..... fertile en gros vins, olives & pâturages. Beaucoup de fleurs d'orange. Muſcat de Riveſaltes, au nord de Perpignan.

V.

On compte encore en France 30 Ports de mer, environ; plus de 16 ſources d'eaux minérales; 16 Principautés, & 39 Duchés-Pairies dont les Titulaires ont ſéance au Parlement de Paris, appellé, pour cette raiſon, la Cour des Pairs.

Ports de Mer.

Vingt-deux fur l'Océan, parmi lefquels il faut diftinguer le *Havre* & *Cherbourg*, en Normandie; *Breft*, en Bretagne, & *Rochefort*, en Aunis; départemens de la Marine Royale.

Les autres, font *Dunquerke* & *Gravelines*, en Flandre; *Calais*, Capitale du pays reconquis; *Boulogne* & *Saint-Valeri*, en Picardie; *Dieppe* & *Granville* en Normandie. Les gros vaiffeaux déchargent pour *Rouen*, à Quillebœuf.

Saint-Mâlo, *l'Orient*, port affecté aux vaiffeaux de la Compagnie des Indes, & *Port-Louis*, en Bretagne. Les gros vaiffeaux déchargent pour *Nantes*, à Pimbœuf.

Les *Sables-d'Olonne*, en Poitou; la *Rochelle*, en Aunis; *Bordeaux*, *Bayonne*, & *Saint-Jean-de-Luz*, en Guienne.

Huit fur la Méditerranée, parmi lefquels il faut diftinguer *Toulon*, département de la Marine Royale. Les autres font *Colioure* & *Port-Vendres*, dans le Rouffillon; *Cette*, en Languedoc; *Marfeille*, la *Ciotat*, *Saint-Tropez* & *Antibes*, en Provence.

Lyon, Bordeaux, Marfeille, Nantes, & Rouen, font, après Paris, les premieres villes & les plus commerçantes du Royaume. Après celles-là viennent Bayonne, la

Rochelle, Saint-Mâlo & le Havre; & dans l'intérieur, Lille, Valenciennes, Amiens, Orléans, Tours, Nîmes, Montpellier. Les suivantes, savoir, Arras, Strasbourg, Nanci, Metz, Angers, Besançon, Dijon, Toulouse, Avignon, Aix, Grenoble, &c. sont plus ou moins belles, plus ou moins peuplées; mais leur commerce est peu étendu.

Eaux Minérales.

Les plus renommées, sont *Saint-Amand*, sur la Scarpe, dans le Hainaut. *Forges*, dans le pays de Brai. *Bourbonne-lès-bains*, dans le Bassigny. *Plombieres*, au sud de la Lorraine. *Vichy*, sur l'Allier, dans le Haut-Bourbonnais. *Bagneres, Bareges & Coteretz*, dans le Bigorre. *Balaruc-lès-bains*, au nord de Cette, en Languedoc.

Après celles-là, on peut compter *Saint-Pol*, près de Béthune, en Artois. *Bourbon-l'Archambaut*, dans le Bas-Bourbonnais. *Luxeuil*, dans le Bailliage de Vesoul. *Bourbon-Lancy*, dans l'Autunois. *Chaudes-aigues* au sud-ouest de Saint-Flour, en Auvergne. *Vals*, sur la rive d'Ardefche, dans le Vivarais; Aix, en Provence, &c.

VI.

Principautés.

Huit au nord ; *Condé*, fur l'Efcaut, dans le Hainaut. *Poix*, à la maifon de Noailles, & *Conti*, au fud-oueft d'Amiens. *Tingry*, au fud de Boulogne, au Prince de Montmorenci-Tingry. *Yvetot*, dans le pays de Caux, à la maifon d'Albon. *Château-Porcien*, fur l'Aîne, dans le Rhételois, au Duc de Nivernais. *Joinville*, dans le Vallage, au Duc d'Orléans. *Salm*, à la fource de la Sarre, entre l'Alface & la Lorraine, au Prince de Salm.

Trois au milieu ; *Lamballe*, dans la Haute-Bretagne, au Duc de Penthièvre. *Guimené*, dans la Baffe, à la maifon de Rohan. La *Roche-fur-Yon*, dans le Bas-Poitou, au Duc d'Orléans.

Cinq au midi ; *Tonnai-Charente*, dans la Haute-Saintonge, à la maifon de Rochechouart. *Soubife*, à la maifon de Rohan. *Pons*, à un Prince de la maifon de Lorraine, & *Talmont*, à la maifon de la Trémouille, dans la Baffe. *Lambefc*, au nord-oueft d'Aix, au Duc d'Elbœuf, de la maifon de Lorraine.

Duchés & Comtés-Pairies.

Dans l'ancienne Rome, la dignité de *Duc* n'étoit qu'un titre militaire; sous la premiere race de nos Rois, on le donna aux Gouverneurs des Provinces, & ils réunissoient l'administration militaire au soin de rendre la justice. Les *Chatelains* avoient la garde des châteaux; les *Comtes*, celle des cités, & les *Marquis*, celle des places frontieres. Ce titre de Marquis, en latin, *Marchio*, répond à celui de *Marcgrave* en allemand, de *Marquess* en anglais, & vient de l'ancien mot *Marche* qui signifioit autrefois limites ou frontieres ; ou du latin *marca* qui signifioit la même chose. Les Comtes, du latin *Comes*, étoient sous les ordres d'un *Comte-Palatin* ou du Palais, & administroient la justice à la Cour, ou dans les Provinces. Les Barons, du latin *Baro*, qui, selon Ménage, signifioit *Brave*, avoient leur place auprès du Roi, dans les batailles.

Nos Rois créerent dans la suite la dignité de *Pair*, du latin *par*, égal, & en revêtirent les Grands de leur Royaume, pour assister à leur couronnement, & pour juger les causes de la Couronne. Louis-le-jeune les avoit fixés à 12, dont six étoient *Pairs-Ecclésiastiques*, trois Ducs

& trois Comtes : & six *Pairs-Laïcs*, trois Ducs & trois Comtes pareillement.

Les trois Ducs-&-Pairs-Ecclésiastiques étoient & sont encore l'Archevêque de *Reims*, les Evêques de *Laon* & de *Langres*. Les trois Comtes-&-Pairs, les Evêques de *Beauvais*, de *Châlons-sur-Marne* & de *Noyon*.

Les Pairs-Laïcs étoient les Ducs de *Bourgogne*, de *Normandie* & de *Guienne* ; & les Comtes de *Flandre*, de *Toulouse* & de *Champagne*. Mais leurs titres ont été depuis long-tems réunis à la Couronne avec leurs fiefs.

Aujourd'hui, tous ces titres de dignité ne sont plus qu'un titre attaché à une Seigneurie que les Rois ont érigée en Duché, Comté ou Marquisat, &c. Il y a des Ducs à Brevets; des Ducs héréditaires, non Pairs ; & des Ducs & Pairs héréditaires dont les lettres sont vérifiées au Parlement. Ceux-ci assistent, avec les Princes du sang, aux assemblées du Parlement, quand ils y sont convoqués. Le nombre n'en est pas fixe; il dépend de la volonté du Roi. Nous placerons ici une liste des Duchés-Pairies Laïques qui existent aujourd'hui, selon les époques de leur création, & selon le rang que leurs Titulaires prennent au Parlement, avec une liste des Ducs héréditaires tant *Pairs* que *non Pairs*, selon le rang qu'ils ont à la Cour.

		la haute Provence.	1716.	De Villars-Brancas	Pair.
	Valentinois, *au Fils du Prince de Monaco*,	le bas Dauphiné.		De Valentinois	Pair.
1721.	Nivernais,		1721.	De Nivernais	Pair.
1723.	Biron,	le bas Périgord.	1723.	De Biron	Pair.
1731.	Aiguillon,	l'Agenois.	1731.	D'Aiguillon	Pair.
1736.	Fleury,	le bas Languedoc.	1736.	De Fleury	Pair.
			1742.	De Broglie	non Pair.
			1747.	De Coigny	non Pair.
1757.	Duras,	l'Agenois.	1757.	De Duras	Pair.
			1758.	De Liancourt	non Pair.
				De Laval-Montmorency	non Pair.
1759.	La Vauguion, ou Tonneins,	l'Agenois.	1759.	De la Vauguion	Pair.
	Choiseuil ou Amboise,	la basse Tourraine.		De Choiseul	Pair.
1762.	Praslin ou Montgogier,	la haute Tourraine.	1762.	De Praslin	Pair.
			1766.	L'Archevêque de Cambrai	non Pair.
			1767.	De Montmorenci	non Pair.
			1769.	De Beaumont-Tingri	non Pair.
1770.	La Rochefoucault,	l'Angoumois.	1770.	De la Rochefoucault	Pair.
			1773.	De Lorges	non Pair,
				De Croï d'Havré	non Pair.
			1774.	De Villequier	non Pair.
1775.	Clermont-Tonnerre,	le haut Dauphiné.			
1777.	Aubigny,	le haut Berri.	1777.	D'Aubigny	Pair.
				Du Châtelet	non Pair.
			1780.	De Polignac	non Pair.
			1784.	De Maillé	non Pair.
				De Castries	non Pair.
				De Lévis	non Pair.

AU PARLEMENT.		A LA COUR.	
1572.	Uzès, ... dans le bas Languedoc.		
1582.	Elbeuf, *au Prince de Lambesc*, en Normandie.	1563. De la Trimouille....... Pair en 1595.	
1591.	Montbazon *au Prince de Rohan*, en Tourraine.	1565. D'Uzès .... Pair. en 1572.	
1595.	Thouars, *au Duc de la Trimouille*, le haut Poitou.	1591. De Montbazon......... Pair.	
1606.	Sully, *au Duc de Béthune*,..... l'Orléanois.	1606. De Béthune........... Pair.	
1619.	Luynes, ... la haute Tourraine.	1619. De Luynes & Chevreuse. Pair.	
1620.	Brissac, ... le bas Anjou.	1620. De Brissac............ Pair.	
1631.	Richelieu, ... le haut Poitou.	1631. De Richelieu.......... Pair.	
1634.	Fronsac, ... le Bourdelais.	1634. De Fronsac........... Pair.	
1652.	Albret, *dans les Landes*, & Château-Thierry, *au Duc de Bouillon*, ... en Champagne.	1652. De Bouillon.......... Pair.	
		De Rohan-Chabot...... Pair.	
1652.	Rohan, *au Duc de Rohan-Chabot*, en basse Bretagne.		
1662.	Piney-Luxembourg, ... en Champagne.	1662. De Piney-Luxembourg.. Pair.	
1663.	Grammont, ... la basse Navarre.	1663. De Grammont......... Pair.	
	Villeroy, ... la Brie française.	De Villeroy........... Pair.	
	Mortemart, ... le haut Poitou.	De Mortemart......... Pair.	
	Saint-Aignan, ... le bas Berri.	De Saint-Aignan ...... Pair.	
	Gêvres, ... la Brie pouilleuse.	De Gêvres .... Pair.	
	Noailles, ... le Limousin.	De Noailles .... Pair.	
1665.	Aumont, ... la Champagne propre.	1665. D'Aumont........... Pair.	
1690.	Bethune-Charost, ... le bas Berri.	1690. De Bethune-Charost..... Pair.	
	Saint-Cloud, *d l'Archevêque de Paris*, ... le Mantois.	L'Archevêque de Paris... Pair.	
		1696 De Boutteville.......... non Pair.	
1719.	Harcourt, ... en Normandie.	17.0. D'Harcourt.......... Pair.	
	Fitz-James, ... le Beauvaisis.	De Fitz-James......... Pair.	
	Chaulnes .... le Sancerre.	1711. De Chaulnes.......... Pair.	

N. B. Outre les Ducs & Pairs, les Ducs héréditaires & les Ducs à brevets, il y a encore en France quatre Maiſons dont les cadets jouiſſent des honneurs du Louvre, par droit de naiſſance, ſans brevet du Roi, & qui prétendent avoir celui de précéder les Ducs; mais il n'y a que la maiſon de Lorraine qui jouiſſe réellement de cette prérogative à la proceſſion des Chevaliers des Ordres du Roi.

On peut encore remarquer ici, que depuis l'avénement de la maiſon de Bourbon à la Couronne d'Eſpagne, les Grands de ce royaume ont les mêmes honneurs à la Cour de France que les Ducs, & qu'ils y prennent rang ſelon leur ancienneté, à dater de 1700, tems auquel Philippe V monta ſur le trône d'Eſpagne; de ſorte que les Maiſons qui ont des Grandeſſes plus anciennes, ne peuvent cependant venir qu'après tous les Ducs des ſiècles précédens.

VII.

DE L'ALLEMAGNE.

Nous comprenons fous ce nom toute
cette étendue de Pays qui eſt entre la
France, l'Italie, la Hongrie, la Pologne,
la Pruſſe, le Danemarck, & la mer. Elle
renferme 1°. les *Pays-Bas Hollandais &
Autrichiens*, à l'oueſt; 2°. les *Treize-Can-
tons Suiſſes* & leurs alliés, au ſud; 3°. la
Bohême, à l'eſt; 4°. l'*Allemagne proprement
dite*, au milieu.

LES PAYS-BAS HOLLANDAIS

OU PROTESTANS;

Autrement

LES SEPT-PROVINCES-UNIES.

Les Pays-Bas ont été ainſi nommés de
leur ſituation vers la mer, où pluſieurs
rivieres ont leur embouchure. Ce qu'on
appeloit autrefois les Pays-bas Eſpagnols,
ou le *Cercle de Bourgogne*, étoit compoſé
du Comté d'Artois, de la Flandre-Françaiſe, des Pays-bas Autrichiens, & des
ſept Provinces-Unies (*a*), leſquelles ayant

____

(*a*) La Franche-Comté faiſoit auſſi partie de
ce Cercle.

secoué le joug de Philippe **II**, sous la conduite de *Guillaume de Naſſau*, *Prince d'Orange*, ont formé depuis, une des plus puiſſantes Républiques de l'Europe. Elle eſt gouvernée par un *Stathouder* (le Prince de Naſſau-Dietz, Gouverneur, Capitaine Général & Grand-Amiral) dont la charge eſt héréditaire, même aux filles : mais la Souveraine Puiſſance réſide dans l'aſſemblée des *Etats Généraux* qui ſe tiennent toujours à la Haye, l'une des plus belles villes de l'Europe. Les Députés des villes y ont chacun leur voix ; les Nobles de chaque province n'en ont tous enſemble qu'une. La Religion Proteſtante eſt la dominante : toutes les autres y ſont permiſes, excepté la Catholique qui n'eſt que tolérée.

Cinq Provinces autour du Zuiderzée, golfe formé en 1225, par une irruption ſubite de la mer ; ſavoir, 1°. la *Seigneurie de Friſe* : Lewarden en eſt la Capitale. On y nourrit beaucoup de bétail & de très-beaux chevaux. 2°. La *Seigneurie d'Overiſſel ;* Deventer, ſur l'Iſſel, en eſt la Capitale. 3°. La *Gueldre ſeptentrionale*, dont Nimegue, ſur le Vahal, eſt la Capitale ; elle comprend le quartier de *Zutphen*. 4°. La *Seigneurie d'Utrecht ;* Utrecht, ſur le vieux canal du Rhin, en eſt la Capitale. 5°. La *Hollande-propre*, autrefois *Ba-*

tavia, dont Amſterdam, la plus belle, la plus riche, & la plus grande ville des Provinces-Unies, eſt la Capitale. Son port eſt près du Zuiderzée où les vaiſſeaux peuvent entrer en paſſant par le canal au ſud de l'île de *Texel*. Rotterdam, ſur la Meuſe, eſt la ſeconde, & Leyde, au ſud de Harlem, la troiſième ville de la Hollande. 6°. Groningue eſt la Capitale de la *Seigneurie de Groningue*, au nord-eſt. 7°. Middelbourg eſt la Capitale du *Comté de Zélande*, au ſud-oueſt. Cette derniere Province eſt compoſée de pluſieurs îles que forment l'embouchure de la Meuſe, & celle de l'Eſcaut où on trouve Fleſſingue.

Les Hollandais ſont économes, bons marins, & appliqués à leur commerce. Les femmes ſont occupées de la propreté de leur ménage. Leur pays eſt coupé dans tous les ſens, par des canaux faits pour l'écoulement des eaux : & il eſt ſi bas, qu'il ne ſe garantit des inondations de la mer que par de fortes digues. Cependant, il eſt extrêmement peuplé. Sa principale richeſſe conſiſte dans ſes manufactures, ſon commerce & ſes pâturages. On recueille du blé en quelques endroits de la Province d'Utrecht, & davantage dans la Friſe. L'air y eſt auſſi plus pur & plus ſain que dans les autres Provinces.

On appelle *Pays de la Généralité*, les

villes que la République poſſède dans les Pays-bas Autrichiens, & dont les habitans ſont *ſujets des Etats-Généraux*, & non d'aucune Province particulière. Telles ſont l'Ecluſe; le Sas-de-Gand, dans la *Flandre*; Breda; Berg-op-zoom; Raveſtein & Grave, ſur la Meuſe, dans le *Brabant*; Maſtrick, très-forte place, ſur la Meuſe, dans *l'Evéché de Liége*; Fauquemont, dans le *Limbourg*; Venlo, dans la Haute-Gueldre, &c. Les Hollandais jouiſſent encore du droit de tenir garniſon dans pluſieurs villes *Barrieres* des Pays-bas Autrichiens, ſur les frontieres de la France.

VIII.

LES PAYS-BAS AUTRICHIENS OU CATHOLIQUES;

Autrement

LA FLANDRE OU LE CERCLE DE BOURGOGNE.

En 1783, l'Empereur a fait démolir les fortifications de pluſieurs places fortes dont ce pays étoit rempli; & depuis cette même époque, toutes les Religions ſont permiſes dans tous les Etats de la Maiſon d'Autriche.

d'Autriche. Ceux-ci font très-peuplés &
très fertiles en blé, en lin, en fruits, &
excellens pâturages. Les Flamands font
adroits, laborieux, habiles dans le commerce, d'un naturel doux, & d'une propreté charmante dans leurs maifons. On
divife leur pays en *trois Comtés & quatre
Duchés*; favoir, 1°. le *Comté de Flandre*;
fa Capitale eft Gand, ville grande & marchande, au confluent de la Lys & de
l'Efcaut. Il fe divife en quatre *quartiers*;
celui de *Bruges*, fur le canal de Gand;
on y trouve Oftende, fur l'Océan; Nieu-
port & Dixmude, fur l'Yperle. Celui de
Gand où font Menin & Courtrai, fur la
Lys; Oudenarde, fur l'Efcaut; Rofebek,
au nord de Courtrai. Celui d'*Ypres* au
fud de la Kenoque, & au fud-eft de Furnes,
fur le canal de Dunkerque. Enfin le *Tour-
naifis* dont la Capitale eft Tournay, fur
l'Efcaut, à une lieue nord-oueft de Fon-
tenoi.

2°. Le *Comté de Hainaut*; fa Capitale
eft Mons, entre Steinkerque, au nord,
& Malplaquet, au fud. Ath eft fur la
Dendre, à l'eft de Leuze & de la Principauté de Ligne. Le titre du Duché d'En-
ghien a été transféré à Montmorenci, dans
l'île de France.

3°. Le *Comté de Namur*; fa Capitale
eft Namur, au confluent de la Meufe

E

& de la Sambre fur laquelle on trouve Charleroi ; Fleurus, entre deux.

4°. Le *Duché de Brabant* ; il fe divife en trois quartiers ; celui de *Bruxelles* ; celui de *Louvain* où eft Landen, au fud-eft ; & celui d'*Anvers*, fur l'Efcaut, où eft Malines, fur la Dyle. Bruxelles, fur la Senne, grande & belle ville bien peuplée, eft la Capitale de tous les Pays-bas Autrichiens, & la réfidence du Gouverneur. Il s'y fait un grand commerce de toiles & de dentelles. Au fud de Bruxelles, on trouve Nivelle près de Senef ; Ramillies, au fud-eft.

5°. Le *Duché de Gueldre*, ou la Gueldre Méridionale ; Ruremonde, fur la Meufe, appartient à la maifon d'Autriche ; Gueldre, ville très-forte, fur la Niers, au Roi de Pruffe.

6°. Les Duchés de *Limbourg* & de *Luxembourg*. Luxembourg, fur l'Elfe, eft une des plus fortes places de l'Europe. Le Duché de Bouillon, au Duc Souverain de Bouillon.

I X.

LES TREIZE CANTONS SUISSES,

ET LEURS ALLIÉS.

La Suiffe a été foumife à la maifon d'Autriche jufqu'en 1308. Depuis elle fe gouverne en forme de République connue sous le nom de *Corps-Helvétique*, dont l'autorité souveraine réside dans les Diétes générales. Ces assemblées prennent le titre de *Louables Cantons*, comme celles des Provinces-Unies prennent celui de *Hautes Puissances*.

Les Suisses sont laborieux, robustes, très-bons soldats, fidéles, & religieux observateurs de leur parole. Leur climat est froid, mais sain. Leurs montagnes, dans lesquelles on trouve des *glaciers* perpétuels, produisent des simples très estimés ; leurs pâturages nourrissent quantité de bétail qui fait la principale richesse de la Nation ; leurs lacs & leurs rivieres, beaucoup de bon poisson.

Quatre *Cantons* sont *Protestans* ; savoir, *Bâle* & *Schaffouse*, au nord ; *Zurich*, au sud de Schaffouse, & *Berne*, le plus considérable de tous, vers le milieu.

Sept *Cantons* sont *Catholiques* ; savoir, *Soleure* & *Fribourg*, à l'ouest ; *Lucerne*, *Underwald* ; *Uri* & *Schwits* dont on a fait le mot *Suisse*, autour du lac des Quatre Cantons ; *Zug*, au nord.

Deux *Cantons* sont mi-partis de Catholiques & de Protestans ; savoir, *Appenzel* & *Glaris*, à l'est.

Le Gouvernement de Soleure, Fribourg, Lucerne, & des Quatre Cantons

Proteſtans, eſt Ariſtocratique. Il eſt Démocratique dans les autres.

Bâle, ſur le Rhin, eſt la ville la plus conſidérable de la Suiſſe. Berne, ſur l'Aar, en eſt la plus belle. A une lieue au-deſſous de Schaffouſe, le Rhin fait un ſaut de 80 pieds de haut. Le Canton de Schaffouſe eſt beau, abondant en grains, en fruits, en bons vins. Celui de Soleure produit tout ce qui eſt néceſſaire à la vie. Mais le pays le plus fertile de la Suiſſe, eſt le *Pays de Vaud*, du Canton de Berne, entre les lacs de Genêve & de Neuchâtel. Sa Capitale eſt Lauſane dont l'Evêque réſide à Fribourg. Au ſud de Fribourg, on trouve Grayeres.

Les Cantons Catholiques s'aſſemblent à Lucerne où réſident le Nonce du Pape & l'Ambaſſadeur d'Eſpagne; les Proteſtans, à Araw, ſur l'Aar; & tous enſemble à Frawenfeld Capitale du Turgow.

On entend par *ſujets des Suiſſes*, divers petits pays poſſédés en commun par tous les Cantons ou par quelques Cantons. Les principaux ſont, 1°. le Comté de Bade au ſud du Rhin. Bade, célèbre par ſes eaux chaudes, en eſt la Capitale. 2°. Le Turgow, à l'oueſt du lac de Conſtance. 3°. Le Rheintal & le Comté de Sargant, le long du Rhin. 4°. Les Bailliages Italiens, au ſud du Canton d'Uri. 5°. Les Bailliages de Granſon, d'Orbe, &c. au nord du Pays de Vaud.

Les principaux *alliés des Suisses*, sont
1°. la ville & la riche Abbaye de *Saint-
Gal* qui forment deux Etats distingués.
La ville est protestante. Le Tockenbourg
appartient à l'Abbé. 2°. Les *Grisons*, autrefois les *Rhétiens*; leur pays est très-peuplé
quoique dans le cœur des Alpes, & forme
une République Démocratique que l'on
divise en trois *ligues*; la *Grise*, celle de
la *Maison-Dieu*, & celle des *Dix-droitures*.
Coire, sur le Rhin, moitié Calviniste &
moitié Catholique, est la principale ville
des Grisons, qui comptent les habitants
de la *Valteline* parmi leurs sujets. 3°. La
République Catholique & Démocratique
du *Valais*, dont Sion, sur le Rhône, est la
Capitale. Cette vallée est fertile en vins &
en grains. Les Evêques de Sion & de Coire
sont Princes de l'Empire. 4°. La République de *Genéve*, sur le lac de ce nom,
Calviniste & Aristocratique. 5°. La Principauté de *Neuchâtel*, au Roi de Prusse.

X.

LA BOHÊME, ET SES ANNEXES.

La Bohême est un Royaume héréditaire
à la maison d'Autriche. Prague, sur la
Muldaw, à l'est d'Egra, sur l'Eger, & au
sud-est de Leutméritz, sur l'Elbe, en est la
Capitale. C'est une grande ville fort peu-

plée & où les Juifs ont plufieurs Synagogues. Le pays eft fertile en blé, fafran,
houblon. On y nourrit quantité de gros
bétail & d'oies. Il y a dans fes montagnes,
des mines d'argent, d'étain, de pierres précieufes, moins fines que celles d'Afie :
fes lacs & fes étangs font fort poiffoneux;
mais le commerce & les manufactures y
font languiffans, & l'air n'y eft pas fort
fain. Les Bohêmiens font grands, bien
faits, fpirituels; on les accufe d'être mal-
propres, & fujets à s'enivrer.

Les *Annexes* de la Bohême font, 1°. la
Moravie dont la Capitale eft Olmutz,
grande, commerçante & fort peuplée, fur
la Morave. Elle eft montagneufe, mais
fertile particulièrement en lin, en noix &
en bons pâturages. Elle produit auffi des
vins; mais ils font tartareux.

2°. La *Siléfie*; c'eft le plus grand Duché
& un des meilleurs pays de l'Europe. Il
abonde en blé, en pâturages, en légumes,
en bois, en poiffons & en mines de plufieurs efpeces. Les abeilles y fourniffent
abondamment le miel & la cire. Il n'y
a pas de fel. Breflaw, fur l'Oder, grande
ville, forte, bien peuplée, commerçante,
fur-tout en toiles fines, eft la Capitale de
toute la Siléfie.

En 1745, la maifon d'Autriche céda
ce Duché au Roi de Pruffe avec le Comté

de Glatz, en se réservant les villes fortes de Jagerndorf, de Troppaw, & la Principauté de Teschen, sur les frontieres de la Bohême & de la Moravie, dans la Haute Silésie. L'Evêque de Breslaw est Vicaire général de tous les Catholiques répandus dans les Etats du Roi de Prusse. A l'est de Breslaw, on trouve Oelz, Capitale de la Principauté de ce nom, à une Branche de la maison de Wirtemberg.

3°. Le *Marquisat de Lusace* : l'Electeur de Saxe le posséde comme un fief du Royaume de Bohême. La Lusace produit tout ce qui est nécessaire à la vie, excepté le bon vin. Son commerce consiste en toiles, en fil de lin, & en laines. On la divise comme la Silésie, en *Haute* & *Basse*. Bautzen, sur la Sprée, est la Capitale de la Haute, où l'on trouve Gorlitz & Zittau, sur la Neiss. Luben, sur la Sprée, est la Capitale de la Basse, où le Roi de Prusse posséde Storkau, au nord ; Cotbuss & Peitze, sur la Sprée, au milieu ; & Somerfeld, à l'est.

<h2 style="text-align:center">X I.</h2>

<h2 style="text-align:center">L'ALLEMAGNE</h2>

proprement dite.

L'Allemagne, ou le *Corps Germanique* est composé de dix Cercles : trois au nord ;

Westphalie, Haute & Basse Saxe : quatre au
milieu ; le *Cercle de Bourgogne*, dont nous
avons déjà parlé ; le *Cercle Electoral* que
quelques-uns appelent le cercle du Bas-
Rhin ; le *Cercle du Rhin*, ou du Haut-
Rhin ; & le *Cercle de Franconie* : trois au
midi ; *Souabe, Baviere, Autriche*.

Chacun de ces Cercles a son Directeur,
son Colonel, & renferme plusieurs petits
Etats Ecclésiastiques & Séculiers dont les
Princes souverains reçoivent l'investiture de
l'Empereur ; & plusieurs villes *Impériales*
& *libres*, c'est-à-dire, des villes gouvernées
par leurs Magistrats, en forme de Républiques, & qui ne reconnoissent d'autre
dépendance, à l'égard de l'Empereur, que
la Féodale (*a*). Les villes qu'on appele
Anséatiques, du mot *hanse* Allemand,
qui signifie association, sont des villes unies
ensemble pour leur commerce.

Tel est le corps dont *l'Empereur* est le
chef. Il est élu, aujourd'hui, par huit Princes
Souverains, qui, pour cette raison, ont
le titre d'*Electeurs*. Trois sont Ecclésiastiques, savoir ; les Archevêques de
Mayence, de Cologne & de Treves : &
cinq Séculiers ; ce sont, le Roi de Bohême ;
le Comte Palatin du Rhin, Duc de Ba-

(*a*) En tout, 282 Etats souverains, & 51 villes
Impériales.

viere; le Duc de Saxe; le Marquis de Brandebourg, & le Duc d'Hanovre. L'Electeur de Saxe, & l'Electeur Palatin, font *Vicaires* de l'Empire au défaut du Roi des Romains; les autres ont chacun une grande charge de l'Empire, comme celle de *Grand Chambellan,* de *Grand Tréforier*, &c.

L'Election de l'Empereur, ainfi que celle du *Roi des Romains*, héritier préfomptif de l'Empire, fe fait à Francfort-fur-le-Mein, dans le Cercle du Rhin. Il n'a aucune ville qui lui appartienne comme Empereur, mais il a feul le droit de convoquer & de préfider, en perfonne ou par commiffion, les Diétes générales, qui fe tiennent à Ratifbonne, ville Impériale. Elles font compofées de trois Corps ou *Colléges*; celui des Electeurs, celui des Princes, & celui des villes Impériales. C'eft dans ces Diétes qu'on traite les affaires les plus importantes de l'Empire; l'Electeur de Bohême n'y a voix que pour l'élection de l'Empereur ou du Roi des Romains.

Quelqu'abfolus que foient les Princes de l'Empire, chacun dans fes Etats, la Nobleffe, que l'on appele *immédiate*, parce qu'elle ne dépend que de l'Empereur, peut appeler de leurs jugemens à la Chambre Impériale de Wetzlar, dans le Cercle du Rhin; ou au *Confeil Aulique* qui s'affemble là où réfide l'Empereur, lequel prend le titre de *Céfar*, de *Sacrée Majefté*, de *Toujours Augufte*.

En général l'Allemagne eft bien peuplée, l'air y eft fain, plus froid que chaud ; le terroir bon & fertile en blé & en pâturages. Les Allemands font grands, bien faits, laborieux, inventifs, braves & de bonne foi. On les accufe d'aimer trop la bonne-chere.

Cercle de *Weftphalie*.

Il renferme 1°. les Principautés d'Ooft-Frife, de Minden & de Meurs ; le Duché de Cleves, & les Comtés de Lingen, de la Marck & de Ravenfberg ; au Roi de Pruffe. L'Abbeffe de Herworden, au fud-oueft de Minden, eft Calvinifte & Princeffe de l'Empire.

2°. Les Abbayes de Corvey, fur le Wefer, & de Stablo, au fud-eft de Limbourg ; à leurs Abbés.

3°. Les Comtés d'Oldembourg & de Delmenhorft ; au Roi de Danemarck.

4°. La Principauté de Verden, le Duché de Ferden, les Comtés d'Hoye & de Diepholt ; à l'Electeur d'Hanovre.

5°. Les Evêchés d'Ofnabruck, de Munfter, de Paderborn & de Liege ; à leurs Evêques. Celui d'Ofnabruck eft alternativement Catholique & Luthérien. Quand c'eft le tour du Luthérien, c'eft l'Archevêque de Cologne qui a la jurifdiction fpirituelle. Dans l'Evêché de Liége on trouve Spa célèbre par fes eaux minérales; Dinant, près de la Meufe; Rocoux, près de Liége; & Lauffeld près de Tongres. Le Comté de la Lippe, au nord de Paderborn, appartient à la Maifon de ce nom, qui partage la régence de Lipftadt fa Capitale, avec le Roi de Pruffe.

6°. Le Duché de Weftphalie dont la Capitale eft Arenfberg, fur la Roer; à l'Electeur-Archevêque de Cologne, Evêque de Munfter.

7°. Les Duchés de Berg & de Juliers; à l'Electeur-Palatin Duc de Baviere; Aix-la-Chapelle, au Duché de Juliers, tient le premier rang parmi les villes Impériales. Duffeldorf eft la Capitale du Duché de Berg.....

Trois religions dominent dans ce Cercle; le Catholicifme dans les Etats des Princes Eccléfiaftiques; le Calvinifme & le Luthéranifme dans les autres.

Cercle de Baffe-Saxe.

Il renferme 1°. le Duché de Holftein, où eft Hambourg, fur l'Elbe, ville Impériale & Anféatique, la plus grande, la plus peuplée & la plus marchande de l'Allemagne. Ce Duché eft partagé entre le Roi de Danemarck, de la maifon des Comtes d'Oldembourg-Holſtein, les Ducs de Holſtein-Ploen, & de Holſtein-Gottorp, iſſus de la même tige.

2°. Le Duché de Mecklenbourg, aux Ducs de Mecklenbourg-Schwerin & Strelitz. Wiſmar, ſur la Baltique, eſt au Roi de Suéde.

3°. Le Duché-électoral d'Hanovre; où eſt Gottingue, au ſud; & les Duchés de Lunebourg, de Lawembourg & de Brême dont la Capitale eſt Brême, ſur le Weſer, ville Impériale & Anſéatique; au Duc de Brunſwick-Lunebourg, Roi d'Angleterre.

4°. Le Duché de Brunſwick; au Duc de Brunſwick-Wolfenbuttel.

5°. La Principauté d'Halberſtat, & le Duché de Magdebourg; au Roi de Pruſſe.

6°. L'Evêché d'Hildeshein, au ſud-eſt d'Hanovre; à ſon Evêque; & celui de Lubeck, dans le Holſtein; à un Prince de la maiſon de Holſtein-Eutin. C'eſt le ſeul Evêque Luthérien qui jouiſſe de la juriſdiction Eccléſiaſtique. Il fait ſa réſidence à Eutin, parce que Lubeck eſt Impériale, & la premiere des villes Anſéatiques.

Ce Cercle où la religion Luthérienne domine, eſt riche & commerçant.

Cercle de Haute-Saxe.

Il renferme 1°. le Duché de Poméranie: la Péne la diviſe en *occidentale*; au Roi de Suéde avec l'île de Rugen, dont Bergen eſt la Capitale ; & en *orientale* , où eſt Stettin , ſur l'Oder ; au Roi de Pruſſe.

2°. Le Marquiſat Electoral de Brandebourg, où ſont Berlin, Poſtdam, ſur l'Havel, & Francfort-ſur-l'Oder, ville riche & grande ; au Roi de Pruſſe.

3°. La Saxe ; elle renferme 1°. le Duché Electoral de Saxe & le Marquiſat de Miſnie, à l'Electeur. Wittemberg, ſur l'Elbe, eſt la Capitale du Duché ; Dreſde, ſur l'Elbe, eſt la Capitale de la Miſnie , & la réſidence de l'Electeur. Leipſick, ſur le Pleiſſ, eſt célèbre par ſon Univerſité. Hall, au nord-oueſt, eſt au Roi de Pruſſe. 2°. La Thuringe, où ſont les Duchés de Weimar & de Gotha ; aux Ducs de Saxe-Weimar & Gotha. Erfort & le pays d'Eichfeld , ſont à l'Electeur de Mayence. Mulhauſen & Northauſen ſont deux villes Impériales. Le Comté de Mansfeld eſt en ſéqueſtre entre les mains des Electeurs de Saxe & de Brandebourg. 3°. La Principauté d'Anhalt , partagée entre cinq Branches de cette Maiſon.......

Mines d'argent & de plomb. Manufactures d'étoffes de ſoie à Hall. Porcelaine de Saxe. Religion dominante, le Luthéraniſme.

Cercle Electoral.

Ce Cercle coupe celui du Rhin dont faiſoit partie avant l'an 1512. Il ren-

ferme 1°. l'Electorat de Cologne; l'Archevêque réfide à Bonn, parce que Cologne, fur le Rhin, eft Impériale & Anféatique, & qu'il ne peut y féjourner plus
de trois jours. Au nord-ouest de Cologne
on trouve Rhinberg, place forte fur le
Rhin, près de Cloftercamp où fut tué
le brave Chevalier d'Affas.

2°. L'Electorat de Treves : Treves fa Capitale, fur la Mofelle, eft peu peuplée, &
l'Archevêque réfide à Coblentz, ville forte,
au confluent de la Mofelle & du Rhin.

3°. L'Electorat de Mayence; l'Archevêque eft le premier des Electeurs. Mayence
fa Capitale, fur le Rhin, eft grande, mais
mal peuplée. On trouve Afchaffenbourg,
fur le Mein, au fud de Dettingue.

4°. Le Palatinat, à l'Electeur-Palatin,
Duc de Baviere. Sa Capitale eft Man-
heim, grande & belle ville, au confluent
du Nekre & du Rhin.....
Vins du Palatinat, jambons de Mayence.
Réligion dominante, la Catholique.

Cercle du Rhin.

L'Alface étoit autrefois de ce Cercle :
il renferme 1°. le Landgraviat de Heffe
& la Wétéravie partagés entre cinq Branches de la maifon de Heffe, & plufieurs
autres Princes. La Heffe appartient principalement au Landgrave de Heffe-Caffel :

la Wétéravie, aux Landgraves de Hesse-Darmstat, de Hesse-Hombourg, &c, & à l'Electeur de Mayence. Le Comté de Nassau, partie dans la Wétéravie, partie dans la Westphalie, appartient aux Princes de Nassau-Dietz, Nassau-Usingen, &c.

2°. L'Abbaye de Fulde; à l'Abbé Prince de l'Empire.

3°. Le Duché de Deux-Ponts, & la Principauté de Birkenfeld; au Prince Duc de Deux-Ponts, de la Maison Palatine.

4°. Le Duché de Simmeren; à l'Electeur Palatin.

5°. Le Comté de Falkenstein; à la maison d'Autriche.

6°. Les Evêchés de Worms, près du Rhin; de Spire, sur le Rhin, au nord de Philisbourg; & de Bâle, en Suisse; à leurs Evêques Princes de l'Empire. Worms, & Spire, villes Impériales, & Bâle, n'appartiennent pas aux Evêques. L'Evêque de Bâle est allié des Suisses. Son Evêché, qu'il ne faut pas confondre avec le canton de Bâle, est un petit pays du Cercle du Rhin, qui ne contient que deux villes remarquables, Porentru, où l'Evêque fait sa résidence, & Délémont.....

Le Calvinisme domine dans ce Cercle : on y recueille du vin & de bons fruits.

Cercle de Franconie.

Il renferme 1°. le Comté de Henneberg, presque tout entier aux Ducs de Saxe-Meiningen, Hildburghausen & Cobourg. Smalkalden, au nord, est au Landgrave de Hesse-Cassel.

2°. Les Margraviats de Culmback ou de Bareith, sur le Mein, & d'Anspach, au sud, au Margrave de Brandebourg-Anspach.

3°. Les Evêchés de Wirtzbourg, de Bamberg, sur le Mein, & d'Aich, sur l'Atmul; à leurs Evêques Princes de l'Empire.

4°. Les Comtés d'Hohen-Lohe, ou d'Holac, & d'Erpach enclavé dans le Cercle du Rhin; aux Comtes du nom.

5°. Les principaux Domaines de l'Ordre Teutonique ou Allemand. Mariental ou Mergentheim, sur le Tauber, en est la Capitale. Quelques-uns des Chevaliers de cet Ordre sont Luthériens. Mais le Grand-Maître (aujourd'hui, Maximilien d'Autriche, Electeur Archevêque de Cologne, Evêque & Prince de Munster) doit être Catholique.

6°. Nuremberg, sur le Pegnitz, est la plus florissante des cinq villes Impériales de la Franconie, & l'une des plus grandes & des plus commerçantes de l'Allemagne.

Catholique & Luthérien. Bien peuplé; très-fertile. Vins au midi.

Cercle de Souabe.

Il renferme 1°. 31 villes Imperiales dont les plus confidérables font Ulm, fur le Danube ; & Augfbourg, au confluent du Lech & du Werrach.

2°. Le Duché de Wirtemberg dont la Capitale eft Stutgard, belle ville & bien peuplée; au Duc de Wirtemberg-Stutgard, à qui appartient la Principauté de Montbéliard, entre l'Alface & la Franche Comté. Dans fon Duché font enclavés plufieurs petits Etats, & entr'autres le Comté d'Hohen-Zollern dont les Comtes fortent de la même tige que les Electeurs de Brandebourg. La Prévôté d'Elvangen eft à l'Electeur de Treves. Le Comté de Pappenheim & les Principautés d'Œttingen & de Lowenftein, au nord; à leurs Souverains particuliers. Le Prince de Lowenftein poffède le Comté de Wertheim, en Franconie.

3°. Le Margraviat de Bade; il fe divife en *haut* & *bas*; le Haut où eft Bade, célèbre par fes eaux minérales, au fud-oueft de Raftadt, appartient au Marquis de Bade-Baden. Le Bas, où eft Dourlach, au Marquis de Bade-Dourlach. Entre Strafbourg & Bade, on trouve Salfbach où Turenne finit fa glorieufe carriere.

4°. La Principauté de Fuftemberg, au

Prince du nom. Celle de Mindelheim entre les Comtés de Fuggers, de Walbourg, & l'Abbaye de Kempten ; au Duc de Baviere.

5°. Les Evêchés d'Augsbourg & de Constance, à leurs Evêques Princes de l'Empire. Celui d'Augsbourg fait sa résidence à Dillingen : celui de Constance, allié des Suisses, à Mersbourg. Constance, belle & marchande, est à la maison d'Autriche, & fait partie de la *Souabe Autrichienne*, dont les principales villes sont Fribourg & Vieux-Brisach, dans le Brisgaw ; les quatre villes *forestieres* Rhinfeld, Lauffenbourg, &c, sur le Rhin, ainsi nommées parce qu'elles sont voisines de la *forêt-noire* : Nellenbourg, au nord-ouest du lac de Constance : Guntzbourg, au confluent du Guntz & du Danube, Capitale du Burgaw......

. Le plus fertile de tous les Cercles. Religion dominante, la Luthérienne. Bains, fontaines salées.

Cercle de Baviere.

Il renferme 1°. le Duché & le Palatinat de Baviere, où l'on trouve la Principauté de Saltzbach & le Duché de Neubourg ; sur le Danube ; à l'Electeur Palatin Duc de Baviere. Ce Prince fait sa résidence à Munich, sur l'Iser, Capitale de la Haute Baviere. Son palais eſt ma-gnifique. Ingolſtat, ſur le Danube, eſt ſa plus forte place & la Capitale de la Baſſe Baviere. Amberg eſt la Capitale du Palatinat. Hochſtet, eſt au-deſſus de Neubourg, ſur le Danube.

2°. Les Evêchés de Ratiſbonne & de Paſſaw, ſur le Danube; l'Evêché de Frei-ſingen, & l'Archevêché de Saltzbourg, ſur le Saltzach; aux Evêques Princes de l'Empire. Ratiſbonne eſt la ſeule ville Impériale de ce Cercle. L'Evêque fait ſa réſidence à Werth. L'Evêque de Chiemſée, à l'oueſt de Saltzbourg, eſt à la nomi-nation de cet Archevêque.

Près de-Paſſaw, on pêche des perles dans la riviere d'Itls; cette pêche appar-tient au Duc de Baviere & à la maiſon d'Autriche.......

Religion dominante, la Catholique. Peu de vin & de commerce. Salines conſidé-rables : Mines de fer, de vitriol, de cuivre & d'argent. Beaucoup de blé.

Cercle d'Autriche.

Ce Cercle, qui tient le premier rang entre les Cercles de l'Empire, appartient preſque tout entier à la maiſon d'Autri-che. Il contient 1°. L'Archiduché d'Au-triche, ou l'Autriche propre. Lintz, place forte, fur le Danube, eft la Capitale de la Haute; Vienne, fur le Danube, belle, grande & riche, eft la Capitale de la Baffe, & la réfidence de l'Archiduc Joseph II de Lorraine, Empereur d'Allemagne. Le Danube a une cataracte dangereuse auprès de Crems. Longitude orientale de Vienne 14^d.... 3′.... latitude 48^d.... 13′.

2°. Le Duché de Stirie, pays montagneux : Judembourg eft la Capitale de la Haute ; Gratz, place forte, de la Baffe. Le Comté de Cilley, au fud.

3°. Le comté du Tirol, pays hériffé de hautes montagnes. Infpruch, fur l'Inn, en eft la Capitale.

4°. Les Evêchés de Trente, fur l'Adige, & de Brixen, au nord eft ; à leurs Evêques Souverains, fous la protection de la maifon d'Autriche.

5°. Les Duchés de Carinthie & de Carniole, pays montagneux : Clagenfurt, & Laubach, places fortes, en font les Capitales ; au fud-eft de Laubach, on voit le lac de Czirnitz.

6°. A la Carniole, on doit joindre le Frioul-Autrichien, aux environs des ruines de la ville d'Aquilée ; & l'Iftrie-Autrichienne où eft le port de Triefte....

L'Autriche eft très-fertile en blé. On y recueille le meilleur fafran, du vin, & des fruits excellents. Elle a des falines qui font d'un grand revenu. Mines de fer, d'acier, de cuivre, de vif-argent dans les montagnes du Tirol, de la Carinthie & de la Carniole.

XII.

LE ROYAUME DE HONGRIE.

Ce Royaume, qui faifoit partie de l'ancienne *Pannonie*, eſt encore un des Etats héréditaires de la maiſon d'Autriche. Il comprend 1°. la *Hongrie-propre* : elle ſe diviſe en *Haute*, où ſont Tokai, ſur la Teiſſe ; Grand-Varadin, ſur la Kœuvres, & Temeſvard ſur le Temes, places fortes : & en *Baſſe*, dont Bude ou Oſſen, ſur le Danube, eſt la Capitale.

2°. La *Tranſilvanie*, ainſi appelée parce qu'elle eſt environnée de montagnes couvertes de bois. Sa Capitale eſt Hermanſtat, à l'oueſt de Cronſtat, place forte.

3°. L'*Eſclavonie*, ſituée entre la Drave & la Save : Zagrabia ou Agram, ſur la Save, en eſt la Capitale. Sirmich, près de la Save, a donné le jour à trois Empereurs, Probus, Marc-Aurele, & Valere-Maximien. Peter-Varadin, au nord-oueſt, eſt fameuſe par la victoire du Prince Eugene ſur les Turcs.

4°. A l'Eſclavonie on peut joindre la *Croatie-Autrichienne*, fertile en vin & en

olives, & dont Carlſtad eſt la Capitale : &
la *Morlaquie occidentale*, où ſont Bukari &
Segna, ſur le golfe de Veniſe. Les Morla-
ques, peuples robuſtes & guerriers, occupent la partie orientale, ſous la protection
des Vénitiens & de l'Autriche.

La Hongrie & la Tranſilvanie ſont fertiles en blé, en vin & en bons pâturages.
On en tire des chevaux eſtimés. Les montagnes y ſont riches en mines de ſel, de
fer, de cuivre, d'or & d'argent : mais le
terroir manque de cultivateurs, les arts
& le commerce y ſont négligés, & l'air
eſt auſſi mal ſain en Hongrie, que les eaux
en Tranſilvanie.

Les Hongrois aiment encore plus la
bonne chere, la guerre & les chevaux que
les Allemands. Ils parlent aiſément pluſieurs
langues, & ſur-tout la langue latine. Leurs
Cavaliers s'appellent *Huſſards* ou *Pan-
doures*, & leurs Fantaſſins *Heiduques* ou
Tolpaches. Le Souverain ne peut rien ſta-
tuer d'important, ſans le conſentement des
Etats de la Nation... Vins de Tokai.

XIII.

LA POLOGNE, LA LITHUANIE
ET LA CURLANDE.

Les Etats de Pologne & du grand Duché
de Lithuanie, quoique réunis ſous une

même Couronne *élective*, forment deux Républiques diftinctes qui ont leur tréfor, leur armée & leurs Généraux à part. L'élection du Roi fe fait dans une Diète générale que l'Archevêque de Gnefne convoque & préfide : elle eft compofée du Sénat & de la Nobleffe, & fe tient en pleine campagne. Le Roi nomme aux bénéfices & aux charges militaires & civiles; mais il ne peut difpofer que des revenus qui lui font affignés, & le Sénat, avec lequel il régle les affaires ordinaires de l'Etat, veille à ce que ce Prince n'entreprenne rien contre la liberté publique dont la Nobleffe eft fort jaloufe. Les affaires extraordinaires fe réglent dans les Diètes générales dont un feul Gentilhomme peut arrêter les délibérations, en s'y oppofant.

La Nobleffe Polonnaife paffe pour être affable, honnête & brave. Elle parle l'efclavon, le latin & le français. Elle poffède toutes les charges & tous les biens de l'Etat. Les payfans font ferfs & ont tous les défauts qu'entrainent le mépris & la pauvreté. Les bourgeois font tenus dans une médiocrité dont il ne leur eft pas poffible de fortir; ils ne peuvent poffèder des fonds de terre que jufqu'à une lieue aux environs des villes qu'ils habitent. Le Roi (Staniflas-Augufte Poniatowski) fait profeffion de la religion dominante; c'eft la Catholique.

Les Schifmatiques Grecs, les Luthériens, les Calviniftes, appelés du nom commun de *Diffidens*, ont le libre exercice de leur réligion. Il y a auffi beaucoup de Juifs.

Les Etats actuels de Pologne & de Lithuanie comprennent la *grande & petite-Pologne*, la *Ruffie Polonnaife*, & la *Lithuanie*, à laquelle on joint la *Samogitie*. Chacune de ces parties fe foudivife en plufieurs Palatinats, ou gouvernements perpétuels.

Par le partage qui fut fait en 1772, entre la maifon d'Autriche, le Roi de Pruffe & la Ruffie, de plufieurs Provinces des Etats de Pologne, la *Pruffe Polonnaife*, au nord de la grande Pologne, a paffé au Roi de Pruffe : la partie de la Petite-Pologne qui eft au midi de la Wiftule, avec la ville de Sandomir, & la partie méridionale du Palatinat de Belz où eft Léopol, à la maifon d'Autriche. Les Palatinats de Dunebourg, de Polok, de Witepsk & de Mciflaw, au nord & à l'orient de la Lithuanie, à la Ruffie.

La ville la plus confidérable de la grande Pologne, après Warfovie, eft Guefne dont l'Archevêque eft Primat du Royaume. Cracovie, fur la Wiftule, étoit autrefois la Capitale de tout le Royaume; mais elle eft bien déchue depuis que les Rois font leur réfidence à Varfovie. Villifca, au nord-
oueft,

oueſt, eſt bâtie ſur une mine de ſel très-abondante. Lublin eſt la Capitale du Palatinat de même nom. Lucko eſt la Capitale de celui de Wolhinie ; Kaminiec, place forte, de celui de Podolie ; & Braclaw, place forte, du Palatinat de même nom.

La Pologne eſt le grenier de la Suéde & de la Hollande. Ses pâturages nourriſſent des troupeaux de bœufs & de bons chevaux. Ses forêts abondent en bêtes fauves & en excellent miel. L'air y eſt ſain, plus froid que chaud.

La *Lithuanie* eſt un pays plat, couvert de marais & de bois, & par conſéquent moins ſain, moins fertile & moins peuplé que la Pologne. Sa Capitale eſt Wilna, ſur la riviere de même nom, grande ville, bien peuplée, mais bâtie en bois & mal-propre.

Mittaw, ſur le Bolderau, ville de moyenne grandeur, bien bâtie & bien peuplée, eſt la Capitale du *Duché de Courlande*, à qui on joint la *Semigalle*. Le Duc qui en eſt Souverain, eſt feudataire de la Pologne.

XIV.

LES ETATS DU ROI DE PRUSSE.

Les Etats de ce Monarque comprennent, 1°. la *Pruſſe Ducale* érigée en Royaume depuis 1701. Sa Capitale eſt Koniſberg aſſez grande & bien bâtie, ſur le Prégel, avec une Univerſité & un Port très-fréquenté. Son terroir eſt entrecoupé de bois & de marais. On en tire beaucoup de cire & de bleu-de-Pruſſe.

2°. La *Pruſſe Royale*, *Polonnaiſe*, ou *occidentale*; ſes villes principales ſont Holland, ville fort riche; Elbing, Culm, Thorn, la patrie de Copernic, & Marienbourg. Dantzik, à l'embouchure de la Wiſtule, eſt une ville libre & anſéatique, ſous la protection de la Pologne, grande, riche & commerçante. On pêche de l'ambre-jaune dans quelques îles appelées autrefois *Electrides*.

3°. La majeure partie de la Poméranie, la Siléſie & le Comté de Glatz, la marche de Brandebourg, une partie de la Baſſe-Luſace, le territoire de Hall, & la moitié du Comté de Mansfeld; le Duché de Magdebourg, les Principautés d'Halberſtat, d'Embdem, de Meurs & de Minden; le Duché de Cleves, & les Comtés de la Mark & de Ravenſberg; une partie de la Haute-Gueldre, & la Principauté de Neuchâtel : de ſorte que l'Electeur de Brandebourg eſt, après la maiſon d'Autriche, le plus grand terrien d'Allemagne.

ETATS DU NORD DE L'EUROPE.

I.

L'ANGLETERRE,

OU *LA GRANDE-BRETAGNE.*

Les trois Royaumes d'*Angletterre*, d'*E-cosse* & d'*Irlande* composent celui des *Iles-Britanniques* que l'on désigne assez ordinairement sous le nom d'Angleterre. Son Gouvernement est mixte; sa religion, Calviniste, partagée en deux branches; celle des *Presbitériens*, & celle des *Episcopaux* ainsi appelée de ce qu'elle a conservé les Evêques. Celle-ci est la dominante, & on la nomme encore *Anglicane*. Le Roi en est le chef. Il dispose de toutes les charges ecclésiastiques, civiles & militaires; il a le droit de faire la paix ou la guerre, de fixer la monnoie, d'envoyer des Ambassadeurs; mais il n'a pas celui de mettre des impositions sans le consentement entier de la Nation représentée par le Parlement qu'il peut d'ailleurs convoquer, casser ou proroger. Or le Parlement est composé de deux Chambres, celle des Pairs d'Angleterre & d'Ecosse, c'est la *Chambre-haute*; & celle des Députés de ces deux Royaumes, c'est la *Chambre-basse* ou des Communes.

L'Irlande a son Vice-Roi, & son Parlement particulier.

1°. L'*Angleterre*, anciennement *Albion*, se divise en *Angleterre-propre*, à l'est; & en *Principauté de Galles*, à l'ouest; en tout 52 Comtés ou *Shires*. Ses villes principales sont, Newcastle, Capitale du Comté de Northumberland, auprès des ruines de la muraille de l'Empereur Adrien. Yorck, la seconde ville d'Angleterre, & la Capitale du Comté de même nom, riche en mines de plomb & de fer. Le Port de Boston dans le Comté de Lincoln, où naquit le célèbre Newton. Les Ports de Preston & de Liverpool, dans le Comté de Lancastre. Le Port de Falmouth, dans le Comté de Cornouaille. Les Ports de Plimouth & de Portsmouth, dans le Haut-Shire & le Devon-Shire. Cantorbery, Capitale du Comté de Kent où est Douvres, sur le Pas-de-Calais. L'Archevêque de Cantorbery est le seul Prélat qui soit obligé de garder le célibat; il est Primat & premier Pair du Royaume. Oxford & Cambridge, Universités fameuses, & Capitales des Comtés de même nom. Bristol, la troisième ville d'Angleterre, dans le Comté de Glocester. Vindsor est une maison Royale à 7 lieues à l'ouest de Londres, dans le Midlesex. La Principauté de Galles, pays hérissé de hautes montagnes, est le titre du fils aîné du Roi,

L'Angleterre eſt très-fertile en grains,
& ſes pâturages nourriſſent quantité de
bétail qui ne redoute plus la dent ſangui-
naire du loup, & dont la laine eſt très-fine.
Ses manufactures d'étoffes, ſes cuirs, ſes
chevaux & ſon étain (de Cornouaille) ſont
eſtimés. On y brûle beaucoup de charbon
de terre. Les eaux minérales y ſont communes, les brouillards fréquens, l'air groſ-
ſier, mais ſain; plus froid en Ecoſſe, plus
humide en Irlande.

Les plus gros vaiſſeaux arrivent à Londres
par la Tamiſe, ce qui rend cette Capitale
très-peuplée & très-commerçante. Cette
Ville, la patrie de Milton & de Bacon, eſt à
juſte titre, la rivale de Paris. La Nation eſt
eſtimable pour ſa bravoure, pour ſes progrès dans les Sciences, dans l'Art de la
Navigation ſur-tout,& dans les Arts mécaniques. Son patriotiſme ſeroit louable s'il
reſſembloit moins à cette politique jalouſe
& ambitieuſe que Charles-Quint oppoſoit
à la noble franchiſe de ſon rival. Elle eſt
d'ailleurs vraiment imitable dans la bonne
éducation qu'elle donne à ſa Nobleſſe, laquelle peut s'appliquer au commerce ſans
déroger. On trouve encore chez le peuple,
l'âpreté des mœurs primitives de la Nation.

2°. Le Tay diviſe l'*Ecoſſe* en méridionale & ſeptentrionale. Le terroir y eſt

montagneux & peu fertile. Il y a beaucoup de lacs, des mines de fer & de plomb. Ses principales villes font *Edimbourg*, Capitale du Royaume. Sterling, dans la province de ce nom. Glafcou, Univerfité fameufe, fur la Clyd, Capitale du Clydefdal. Elgin, dans la province de Murrai ; & Neuf-Aberdéen, très-commerçante.

3°. L'*Irlande* abonde en excellens pâturages. Elle eft remplie de forêts, de lacs & de rivieres dont la principale eft le Shanon. Il n'y a point de bêtes venimeufes. On y trouve des mines d'étain, de plomb & de fer. Il y a beaucoup de Catholiques ; cependant la religion dominante eft l'Anglicane. Elle a quantité de havres fort commodes. On la divife en quatre Provinces, qui contiennent 32 Comtés : favoir, l'*Ulfter*, au nord : le *Connaught*, à l'oueft : le *Munfter*, au fud, où l'on trouve les ports de Corke, de Kinfale, & le Cap Cléar. Enfin le *Linfter*, à l'eft, où eft Dublin, grande, belle & marchande, Capitale de tout le Royaume, fur le canal Saint-George.

Iles adjacentes aux îles Britanniques.

Les principales font les îles de Schetland & les Orcades, au nord, pauvres, froides &. peu peuplées. Les îles Wefternes, à l'oueft. Les îles de Man & d'Anglefey, dans le Canal Saint-George. Les Sorlin-

gues, à l'oueſt du Cap-Lezard ; & l'île
de Wight, près de Porſtmouth, où ſont
les rades de Spitéad & de Sainte-Helene.

II.

LE DANEMARCK ET LA NORVÈGE.

Les Etats du Roi de Danemarck con-
ſiſtent dans le *Danemarck*, au midi; la
Norvège, au nord; l'*Iſlande* & les îles de
Fero, à l'oueſt. La religion Luthérienne
eſt celle de cet Etat Monarchique.

1º. Le Danemarck ſe diviſe en *Terre-
ferme* & en *îles* : la Terre-ferme ſe ſouſ-
diviſe en *nord-Jutland* & *ſud-Jutland*.
Wibord eſt la Capitale du premier; Sleſ-
wick, du ſecond.

L'île de *Fionie*, à l'eſt de la Terre-
ferme, eſt le titre du fils aîné du Roi.
Sa Capitale eſt Odenſée. Copenhague,
dans l'île de *Séeland*, eſt riche & marchande : ſon port eſt un des plus ſûrs de
l'Europe; mais celui d'Elſingor ou Elſe-
neur eſt plus fréquenté. Les vaiſſeaux payent
un *péage* au château de Cronebourg, ſur
le détroit du Sund. L'île de *Bornholm* très-
fortifiée, eſt la plus orientale des petites
îles du Danemarck. Sunderbourg, dans
l'île d'*Alſen*, au ſud-oueſt de Fionie, appartient au Duc de Holſtein - Sunderbourg.

Le Danemarck, pays des anciens *Cim-*

bres, est très-peuplé, riche & commerçant, fertile en grains & en pâturages. Il en sort quantité de bœufs, de cochons, & des chveaux recherchés pour leur belle taille. La chasse & la pêche, sur-tout celle des harengs, y sont très-abondantes. L'air y est froid, mais sain. Les lettres, les sciences, les arts & les manufactures y sont cultivés. On tire beaucoup d'hydromèle de la Fionie. Les Danois sont très-blancs, braves & fort attachés à leur Souverain.

2°. La *Norvège* s'étend à l'ouest & au nord de la Suède jusques par-delà le *Cap-nord*. Christiania, Capitale du gouvernement d'Aggerhus, est aussi la Capitale de tout le Royaume, & le séjour du Vice-Roi. Berghen, à l'ouest, est plus riche, plus grande, & son port est plus fréquenté. Drontheim est la seule ville du Gouvernement de ce nom. Wardhus, petit bourg, au nord-est, dans l'île de même nom, est la Capitale de la Laponie-Danoise, pays stérile, où il fait un froid extrême. Au sud-est de Christiania, on trouve Friderikstadt, où Charles XII fut tué.

La côte occidentale de la Norvège est bordée de quantité de petites îles & de rochers. L'air y est aussi moins sain que dans la partie septentrionale & orientale, où l'hiver est plus rude, la neige plus forte

& plus durable , & la chaleur de l'été
ſi grande, qu'il n'y a ſouvent que neuf à
dix ſemaines d'intervalle entre les ſemailles
& la récolte. En général, ce pays eſt peu
peuplé , & ſon terroir peu propre au la-
bourage , parce qu'il y a beaucoup de terrein marécageux, qu'il eſt inégal, ſabloneux
& rempli de hautes montagnes couvertes
de forêts dont on tire d'excellent bois de
conſtruction & de charpente, du goudron,
de la poix, &c. On y trouve de belles
carrieres de marbre, des mines d'argent ,
de cuivre, de fer; ces dernieres ſont les
plus profitables. Les Norvégiens ſont groſ-
ſiers, robuſtes & bons matelots.

3°. L'*Iſlande* eſt entre l'Océan atlantique
& la Mer glaciale. L'air y eſt ſain, le bois
rare, mais les bains chauds y ſont en abondance. Elle eſt traverſée, de l'eſt à l'oueſt,
par une chaîne de montagnes énormes dont
quelques-unes ſont des volcans. Le mont
Hécla eſt celui qui eſt le plus connu. Au
ſolſtice d'hiver, le ſoleil ſe fait à peine voir
une heure au-deſſus de l'horiſon , dans la
partie ſeptentrionale. Les Evêchés de Hola
& de Skalhot ont chacun une école latine.
Le Bailli-Royal, qui gouverne l'île, réſide
à Beſſeted où l'on a établi une manufacture
de draps.

Les Iſlandois s'occupent principalement de la pêche & de la nourriture

du bétail. Ils font le commerce de la mer-
luche, des fourrures, & de l'édredon (1).
Les îles de *Fero* ne produifent que de
l'avoine & des pâturages.

III.

La Suéde.

La Suéde s'étend, en ligne courbe, dans
un pays immenfe, renfermé entre la Baltique, la Norvege avec laquelle elle com-
pofoit autrefois la *Scandinavie*, & la Ruffie.
En général, ce Royaume eft mal peuplé,
n'ayant en tout que 120 villes grandes ou
petites. Il eft plus riche en mines qu'en
terres labourables; celles de cuivre & de
fer font fi abondantes qu'elles fe préfen-
tent communément à fleur de terre. Il
manque de fel, mais il abonde en pâturages malgré fes lacs, fes forêts, & fes
montagnes. Son principal commerce confifte en métaux, en belles pelleteries, en
goudron & en bois de conftruction. L'hiver
y regne neuf mois de l'année, & la chaleur
de l'été fuccéde tout-à-coup à ces froids
exceffifs. En récompenfe, la nature a donné à ce rude climat un ciel ferein, un
air très-pur, & les hommes y vivent
long-tems. L'été, la terre prefque toujours
échauffée par les rayons du foleil, y produit

______

(1) C'eft le duvet d'une efpèce d'Oie fauvage.

les fleurs & les fruits en peu de temps.
Les longues nuits d’hiver y font adoucies
par des aurores boréales & par de longs
crépufcules; & la lumiere de la lune qui
n’eft obfcurcie par aucun nuage, augmentée
encore par les reflets de la neige, fait qu’on
peut voyager en Suéde la nuit comme le
jour. Ses côtes font, prefque par-tout,
bordées d’une quantité infinie d’îles & de
rochers qui en rendent l’approche très-
dangereux.

Le Gouvernement eft Monarchique,
quoiqu’il y ait un Sénat toujours fubfiftant
qui repréfente les Etats Généraux. Le
Roi (de la maifon de Holftein-Eutin)
le convoque dans les grandes affaires,
& les payfans même y ont entrée. La religion, Luthérienne. Les peuples, robuftes,
laborieux & propres à endurer la fatigue.

On divife la Suéde en cinq parties principales, outre les îles; favoir, 1°. la *Gothie*
au fud, à laquelle on joint le territoire de
Bahus. Les arfenaux de la marine Royale,
font à Carlfcron. Gothenbourg, au fud de
Bahus, a un bon port très-fréquenté.

2°. La *Suéde-propre* & les *Nordelles*,
au nord. L’Archevêque d’Upfal eft Primat
du Royaume, & fon Univerfité a de la
célébrité. Stockolm eft riche, bien peuplée,
avec un bon port & une Académie des
Sciences.

F vj

3°. La *Laponie Suédoise*; elle est remplie de montagnes qui se perdent dans les nues, & presque déserte. La vie errante que menent les Lapons, les oblige de demeurer constamment sous des tentes. Ces peuples ne sont pas si stupides qu'on le pense communément. L'argent comptant est en usage parmi eux. Ils sont la plûpart brunâtres & noirs, chrétiens ou idolâtres, laids & petits. La nourriture du bétail fournit seule à leur entretien, & la providence leur a donné les rennes, qui, de tous les animaux domestiques sont ceux qui exigent le moins de soin, & sont, en meme tems, les plus profitables.

4°. La *Bothnie* où est Tornea, petite ville maritime, célèbre par les observations astronomiques des Académiciens François en 1736, pour déterminer la figure de la terre : elle est composée d'environ 70 maisons de bois. La hauteur du pôle y est de 65^d... 50'... 50". C'est la ville de l'Europe la plus reculée vers le nord.

5°. La *Finlande*; la partie méridionale où est Abo sa Capitale, est fertile & très-agréable par ses lacs, ses terres labourables & ses prairies.

IV.

LA RUSSIE D'EUROPE,
OU LA MOSCOVIE.

La Ruffie fe divife en *Européenne* & *Afiatique*. La Ruffie Européenne, qui répond en grande partie à l'ancienne *Sarmatie*, eft le plus grand de tous les Etats de l'Europe. Elle s'étend du nord au fud, depuis la Mer glaciale jufqu'à la Mer noire, & fe divife en *feptentrionale* & *méridionale*.

Six Gouvernemens dans la partie feptentrionale ; favoir, 1°. celui d'*Archangel*, à l'embouchure de la Dwina dans la Mer blanche ; il s'étend à l'oueft dans la Laponie-Ruffienne. 2°. De *Wiborg*, Capitale de la Carélie, dans la Finlande-Ruffienne. 3°. De *Saint - Petefbourg*, Capitale de l'Ingrie, bâtie fur le golfe de Cronftadt par le Czar Pierre-le-Grand en 1703, grande & bien peuplée, avec une Académie des fciences & belles-lettres. 4°. De *Revel*, fur le golfe de Finlande, Capitale de l'Eftonie. 5°. De *Riga*, à l'embouchure de la Duna, Capitale de la Lettonie, ou de la Livonie méridionale. 6°. De *Nowogorod-welichi*, ou Nowogorod-le grand, à l'eft du lac Peipus, & près du lac Ilmen, lequel communique au lac Ladoga d'où fort la Neva, celui-ci au lac Onega d'où fort la riviere de Wick, qui fe jette dans la Mer blanche.

Huit, dans la partie méridionale; favoir, 1°. celui de *Smolensko*, fur le Dnieper. 2°. De *Mofcou*, autrefois la Capitale de toute la Mofcovie, bien déchue depuis que les Empereurs font leur réfidence à Saint-Petefbourg. 3°. De *Nifen-Nowogorod*, fur le Wolga. 4°. De *Cafan*, fur le même fleuve. 5°. De *Kiow*, fur le Dnieper, Capitale de l'Ukraine, pays des Cofaques, où eft Pultava, célèbre par la défaite entiere de Charles XII. 6°. De *Bielgorod*. 7°. De *Woronefk* près du Don. 8°. De *Catherinoflow*, Capitale de la *Tauride*. Ce Gouvernement comprend ce qu'on appeloit ci-devant la *Petite-Tartarie*; la Cherfonefe-Taurique, ci-devant la *prefqu'île de Crimée*, où eft Théodofie, autrefois *Caffa*; & l'île de Taman, à l'eft, à l'embouchure du Kuban.

La partie de ces vaftes Etats qui eft au-delà du 60e degré, eft mal peuplée, peu fertile, & très-froide en hiver. Elle eft entrecoupée de déferts, de lacs très-poiffoneux, & de vaftes forêts dont on tire des mâts qu'on préfère à ceux de Norvège. Les ours, les élans, les rennes, les renards, les hermines, les martres zibelines, y font fort communs. On y trouve abondamment le miel, la réfine, la poix. Les Anglais, les Hollandais, font le commerce des fourrures à Archangel, en doublant le Nord-Cap.

La partie qui eft en deçà eft plus tempérée & mieux peuplée. L'Ingrie & la Livonie font très-fertiles en grains. Les Polonnais appeloient autrefois l'Ukraine, *une terre de miel & de lait.* Les autres Provinces font un commerce de lin, de chanvre, de cuirs de bœuf, appelés *Cuirs de Rouffi.* La Tauride fournit d'excellens chevaux, & peut devenir le grenier de Conftantinople. On trouve en plufieurs endroits des mines de fel, d'or, d'argent, de fer, &c.

Les Souverains de Ruffie portent le titre d'*Empereur* depuis 1721. Leur Gouvernement paffe pour être *Monarchique* depuis le Czar Pierre qui défendit à fes fujets *de fe dire fes efclaves.* La religion dominante eft la *Schifmatique-Grecque*, mais d'un rit particulier, & l'office divin s'y fait en Sclavon. L'Archevêque de Nowogorod-Welichi eft le Chef du Clergé, comme premier Métropolitain.

Les Ruffes font de moyenne taille, aimant avec paffion le vin & l'eau-de-vie. Ils étoient encore dans la barbarie à la fin du dernier fiècle. Pierre-le-Grand entreprit de les civilifer & de leur infpirer le goût des arts & des fciences. Il voyagea dans différens Etats de l'Europe pour s'inftruire lui-même, & fa nation qui gémiffoit avant lui fous l'oppreffion de fes voifins, eft devenue fous la Princeffe qui eft actuellement fur le trône (Catherine Alexiewna), une des premieres puiffances de l'Europe.

V.

LES PRINCIPALES MONTAGNES ET RIVIERES D'EUROPE.

La furface de la terre eft hériffée de grandes chaînes de montagnes qui s'étendent dans toutes les directions. En Europe, les plus connues font, 1°. les *Pyrénées* qui féparent la France de l'Efpagne. Le mont *Saint-Adrien*, dans la Bifcaye, eft le plus haut. Le *Canigou*, dans le Rouffillon, vient après.

2°. Les *Alpes*; elles féparent la France de la Suiffe & de l'Italie. On y diftingue le *Mont-Jura*, entre la Suiffe & la Franche-Comté : le mont *Saint-Gothard*, entre la Suiffe & les Grifons : la *montagne Maudite* & le *grand Saint Bernard*, entre le Piémont & le Valais : le *petit Saint-Bernard* & le *Mont Cénis*, entre la Savoye & le Piémont: le *Mont Genèvre* & le *Mont Vifo*, entre le Piémont & le Dauphiné.

3°. Du *Mont-Jurat*, part la chaîne des *Vosges* : elle sépare l'Alsace & la Franche-Comté de la Lorraine, & va se joindre aux *Cevennes* à travers la Bourgogne, le Lyonnais, l'Auvergne & le Rouergue. On y remarque le *mont des Faucilles*, au sud de l'Alsace : la montagne de *Tarare*, dans le Beaujolais ; le *Puy-de-Dome*, & le *mont d'Or*, à l'ouest de la Limagne.

4°. L'*Appenin* sépare l'Etat de Gênes du Piémont, traverse l'Italie dans toute sa longueur, & passe en Sicile.

5°. L'antiquité payenne n'offre rien de plus célèbre que les montagnes de la Grèce, parmi lesquelles on peut remarquer, 1°. le mont *Cyllenne*, à l'ouest de Corinthe, dans le Péloponnese : il séparoit l'Achaïe de l'Arcadie, où étoit le lac *Stymphale*, au nord-ouest d'Argos. 2°. Le Mont *Hélicon* du pied duquel sortoit la fontaine d'*Hippocrene*, au sud de la Phocide, & à l'ouest de la Béotie. 3°. Le *Parnasse*, dans la Phocide. 4°. Le Mont *Œta*, au sud de la Thessalie ; les Monts *Ossa* & *Pélion* à l'est ; l'*Olympe*, au nord-est ; le *Pinde*, à l'ouest. 5°. Le *Mont Athos*, aujourd'hui *Monte-Santo*, dans la Macédoine. 6°. Le Mont *Rhodope* aujourd'hui les Monts *Castagnats*, au sud-ouest de la Romanie ; le Mont *Hæmus*, aujourd'hui Emineh-Dag, au nord. 7°. Le Mont *Borée*, à l'ouest de la Macédoine, &c.

6°. Les montagnes des *Géants*, entre la Bohême & la Siléfie ; & les monts *Kra-pacs*, entre la Hongrie & la Pologne.

7°. Les monts *Poyas*, autrefois les monts *Riphées* ou *Hyperboréens*, féparent la Ruf-fie Européenne de la Ruffie Afiatique.

8°. Les *Ophrines* féparent la Suéde de la Norvège & de la Ruffie.

9°. Les *Alpes d'Ecoffe* s'étendent en Angleterre, & paffent en Irlande.

Les Rivieres.

1°. Le *Tage* coule des montagnes qui féparent la Caftille-nouvelle de l'Aragon, à l'Océan.

2°. La *Guadiana* fort de certains lacs appelés *Las Lagunas* de *Guadiana*, dans la Mancha ; fe perd peu après entre des rochers, renaît par des ouvertures appelées *Los Ojos*, ou les yeux, *de Cuadiana*, & fe jette dans l'Océan entre l'Andaloufie & l'Algarve.

3°. Le *Guadalquivir* coule d'une montagne nommée *Sierra Ségura*, vers les confins du Royaume de Murcie, à l'Océan.

4°. L'*Ebre* vient des Pyrenées de Santillane, à la Méditerranée ; & le *Douro*, des montagnes à l'orient de la Caftille-vieille, à l'Océan.

5°. L'*Adour* vient des Pyrénées de Bigorre, reçoit les gaves de Pau, d'Oleron, &c. & se jette dans l'Océan, au dessous de Bayonne.

6°. La *Garonne* prend le nom de *Gironde* au-dessous du *Bec-d'Ambez* ; elle vient des Pyrénées du Couseran ; reçoit le *Lot* & le *Tarn*, qui prennent leurs sources dans les montagnes du Gevaudan; la *Dordogne*, qui vient du Mont d'Or, & se jette dans l'Océan à 20 lieues au-dessous de Bordeaux.

7°. La *Loire* vient des Cevennes du Vivarais à l'Océan, en passant par Roanne où elle commence à être navigable. Elle reçoit l'*Allier*, qui vient du Gevaudan ; le *Cher* ; l'*Indre* ; la *Vienne* avec la *Gartampe*, la *Creuse* & le *Clain*; la *Mayenne* avec le *Loir* & la *Sarte* ; la *Seure*, &c.

8°. La *Seine* coule du Pays-de-la-Montagne en Bourgogne, à l'Océan. Elle reçoit l'*Aube* ; l'*Yonne*, qui vient des montagnes du Morvant, en Nivernais ; le *Loin*; la *Marne*, qui vient du Bassigni; l'*Oise* avec l'*Aîne* ; le *Therain* ; l'*Eure*, &c.

9°. Le *Rhône* prend sa source au mont de la Fourche près du mont Saint-Gothard, dans le pays le plus élevé de l'Europe. Il forme le lac de Genêve ; peu après, il se perd sous un rocher, reparoît à quelque distance pour se rendre à Lyon où il reçoit la *Sône* enflée des eaux de l'*Oignon*, qui viennent des Vosges de Lorraine ; & des eaux du *Doux*, qui vient du Mont-Jurat ; l'*Isère* avec l'*Arc*, qui viennent du petit Saint-Bernard & du mont Cénis ; la *Drome*, qui sort du lac de ce nom, dans le Diois ; la *Durance*, qui vient du Mont-Genèvre, avec le *Verdon*, qui sort du lac d'Allos ; le *Gardon* qui vient des Cevennes, & se décharge dans le golfe de Lion, *Leonis*.

10°. Le *Var* sépare la Basse-Provence du Comté de Nice. Il a sa source au mont Cemélione dans les Alpes, & se jette dans la Méditerranée.

11°. Le *Pô* coule du mont Viso, au golfe de Venise. Il reçoit une quantité de petites rivieres, & entr'autres la *Sessia* ; le *Tanaro* ; le *Tesin*, qui vient du mont Saint-Gothard ; l'*Adda*, &c. L'*Adige* vient des montagnes du Tirol, au golfe de Venise. L'*Arno*, le *Tibre* & le *Volturne*, sortent de l'Appenin pour se rendre à la Méditerranée.

12°. Le *Mariza*, l'*Hebre* des anciens, passe à Andrinople & se jette dans l'Archipel. Le *Strymon* passe à Iemboli. L'*Acheloüs* vient du pays des *Dolopes* & sépare l'Acarnanie de l'Ætolie.

13°. Le *Rhin* prend sa source au mont Saint-Gothard, avec l'*Aar* & le *Russ* qu'il reçoit au-dessous du lac de Constance. Le *Neker* le joint à Manheim ; le *Mein* à Mayence ; la *Moselle*, qui vient du mont des Faucilles, à Coblentz ; la *Roër* & la *Lippe*, au Duché de Cleves ; ensuite, il se divise en deux branches ; la gauche s'appelle *Wahal* & va se joindre à la *Meuse* ; la droite retient le nom de Rhin & se divise encore en deux branches à Arnhem ; l'une prend le nom d'*Yssel* & se jette dans le Zuiderzée ; l'autre retient encore le nom de Rhin & se partage encore en deux branches une troisieme fois dans la Province d'Utrecht : le bras gauche prend le nom de *Leck*, & va se joindre à la *Meuse* qui vient des Vosges du Bassigni ; l'autre retient le nom de Rhin & se perd dans les sables au-dessous de Leyde.

14°. L'*Escaut* prend sa source en Picardie ; reçoit la *Scarpe*, près de Saint-Amand ; la *Lys*, à Gand ; la *Dyle*, au-dessus d'Anvers ; puis, il se divise en deux branches dont l'une se nomme l'*Escaut oriental*, il passe près de Berg-op-zoom ; l'autre l'*Escaut occidental*, qui se perd dans l'Océan entre la Zélande & la Flandre.

15°. Le *Danube* va des montagnes de la Forêt-noire, à la Mer-noire. Il reçoit la *Drave* & la *Save* ; la *Morave*, la *Theisse* & une infinité d'autres petites rivieres.

16°. Le *Weser* & l'*Elbe* ont leur embouchure dans l'Océan, au nord-ouest de l'Al

lemagne. Le premier a sa source en Franconie, & porte le nom de *Verra* jusqu'à
son confluent avec la *Fulde*. L'*Elbe* vient
des montagnes des Géants, & reçoit le *Mol-
dan*, le *Havel* auquel se joint la *Sprée*, &c.

17°. L'*Oder* & la *Wistule* vont, des
monts Krapacs, dans la mer Baltique;
le *Dnieper*, ou le *Boristhene*, vient du Gouvernement de Smolensko, à la Mer noire.

18°. Le *Don* sort du lac Iwan, au sud
de Moskou, & va se jetter dans la mer
d'Azof.

19°. Le *Wolga* est le plus grand fleuve
de notre hémisphère; il prend sa source
dans le Gouvernement de Nowogorod-
Welichi, au lac Wronou, & va se jetter
dans la mer Caspienne au-dessous d'As-
tracan après un cours de plus 600 lieues.

20°. La *Duna* a sa source près de celle du
Wolga, & son embouchure dans le golfe
de Livonie. La *Dwina* se forme du concours de plusieurs rivieres à Ousioug, &
se jette dans la Mer blanche. La *Petzora*
va des monts Poyas dans la Mer glaciale.

21°. Parmi la quantité infinie de rivieres
qui sortent des Ophrines, il faut distinguer
la *Tornea*, qui se jette dans le golfe de
Bothnie.

22°. La *Tamise* se forme du concours
de la *Tame* & de l'*Ise*, L'*Humber* peut être

regardé comme un bras de mer dans lequel se déchargent un grand nombre de rivieres. La *Saverne* vient des montagnes de la Principauté de Galles, dans le golfe de Briſtol. Le *Shanon*, en Irlande, a ſa ſource dans le Comté de Letrim, forme pluſieurs lacs, & ſe jette dans l'Océan, au-deſſous de Limerick.

ORDRES DE CHEVALIERS

Les plus diſtingués de l'Europe.

1°. L'Ordre régulier & militaire des Chevaliers Hoſpitaliers de *Saint-Jean de Jéruſalem*, dits Chevaliers de *Malthe*, depuis leur établiſſement dans l'île de ce nom que Charles-Quint leur donna après leur expulſion de l'île de Rhodes ; inſtitué en 1104 par Gerard de Martigue, pour loger, ſervir & nourrir les pelerins qui alloient à la Terre-Sainte. Les Chevaliers portent une Croix blanche à huit pointes ſur l'habit, ou au bout d'un ruban noir au cou, ou à la boutonniere.

2°. L'Ordre militaire des Chevaliers de l'*Hôpital des Lepreux de Saint-Lazare à Jéruſalem*, inſtitué en 1130 pour eſcorter & recevoir les pelerins, réuni en 1607.

par Henri IV, à celui de *Notre-Dame de Mont-Carmel*. Les Chevaliers de cet Ordre, autrefois régulier, chaſſés de la Terre-Sainte, ſe réfugierent en France, où Louis VII leur donna la terre de Broigny, près d'Orléans. Ils portent en France, une Croix à huit pointes, émaillée de verd, pommetée d'or, une fleur de lys d'or aux quatre angles, & un ovale au milieu dans lequel eſt d'un côté la Vierge, au revers Saint Lazare. La Croix pend ſur la poitrine au bout d'un ruban couleur d'amaranthe.

3°. L'Ordre régulier & militaire des Chevaliers *Teutons*, inſtitué en 1190 par Henri, Roi de Jéruſalem, pour la Nobleſſe Allemande. Les Chevaliers, retirés en Allemagne, portent une Croix noire un peu patée, orlée d'argent, ſur l'habit.

4°. L'Ordre militaire de *Chriſt*, inſtitué en 1317 par Denis, Roi de Portugal, pour animer la Nobleſſe de ſon Royaume à faire la guerre aux Maures. Les Chevaliers portent une Croix patée rouge, & dedans, une autre d'argent, ſur la poitrine.

5°. L'Ordre des Chevaliers de l'*Aigle-blanc*, inſtitué en 1315 par Uladiſſas V, Roi de Pologne. Les Chevaliers portent un aigle blanc ſur l'habit, avec la deviſe *pro fide, lege & Rege*.

6°. L'Ordre des Chevaliers de *Saint-George,*

George ou de la *Jarretiere*, inſtitué en 1344 par Edouard III, Roi d'Angleterre, à l'occaſion d'une jarretiere que la Comteſſe de Saliſburi laiſſa tomber en danſant, & que le Roi ramaſſa en diſant, *Honni ſoit qui mal y penſe*. Cet Ordre n'a que 25 Chevaliers qui portent une jarretiere de velours bleu à la jambe gauche, & un ruban bleu en écharpe, de gauche à droite, au bout duquel pend une médaille d'or de Saint George.

7°. L'Ordre de l'*Annonciade*, inſtitué en 1372 par Amédée VI, Duc de Savoie. Les Chevaliers portent un collier en lacs d'amour, au bas duquel pend l'image de la Vierge.

8°. L'Ordre des Chevaliers de la *Toiſon-d'or*, inſtitué à Bruges en 1429 par Philippe le *Bon*, Duc de Bourgogne. Charles-quint le porta en Eſpagne, & les Rois d'Eſpagne ſes ſucceſſeurs en furent depuis les Chefs & Grands-Maîtres. Mais après la mort de Charles II, l'Archiduc, fils de l'Empereur Léopold, ayant été proclamé Roi d'Eſpagne par les rebelles, prit le titre de Grand-Maître & Chef de cet Ordre; & dans le traité de paix qui aſſura la Couronne à Philippe V, il fut convenu que le Chef de la maiſon d'Autriche auroit la faculté de conférer l'Ordre de la Toiſon-d'or comme le Roi d'Eſpagne. Delà vient qu'il ſubſiſte

G

en même-tems en Allemagne & en Espagne. Les Chevaliers portent un collier de
fusils à faire du feu & de cailloux : au
bas, une Toison d'or.

9°. L'Ordre de *Saint-Michel*, institué en
1469 à Amboise par Louis XI. Les Chevaliers portent une Croix pareille à celle
de l'Ordre du Saint-Esprit, mais la moitié
plus petite, au bout d'un ruban noir,
en écharpe.

10°. L'Ordre de l'*Eléphant*, institué en
1478 par Christiern, Roi de Danemarck.
Les Chevaliers portent un collier d'éléphans & de tours ; au bas un éléphant
& un maure assis dessus.

11°. L'Ordre du *Saint-Esprit*, institué
en 1593 par Henri III, en mémoire de
ce que le jour de la Pentecôte il avoit été
élu Roi de Pologne, & étoit parvenu au
trône de France. Le nombre des Chevaliers
est fixé à 100, le Roi & les Princes du
Sang non compris. Ils portent une Croix
d'or à huit pointes, émaillée de blanc,
pommetée d'or, une fleur de lys d'or aux
quatre angles, une colombe d'un côté &
Saint-Michel de l'autre. Celle des Cardinaux & des Prélats a la colombe seule
à chaque envers ; ils la portent sur la poitrine au bout d'un ruban bleu. Lorsqu'un
Evêque devient Commandeur de l'Ordre,
il quitte sa Croix ordinaire pour ne plus

porter que celle du Saint-Efprit. Les Laïcs portent le ruban bleu en écharpe de droite à gauche. Tous, excepté les Eccléfiaftiques, prennent verbalement du Roi, l'Ordre de Saint-Michel, la veille de la Pentecôte ; c'eft pourquoi ils font appellés Chevaliers des Ordres du Roi.

12°. L'Ordre Royal & Militaire de *Saint-Louis*, inftitué en 1693 par Louis XIV, pour récompenfer les Officiers de fes troupes. Les Chevaliers portent une Croix d'or à huit pointes, pommetée d'or, une fleur de lys d'or à chaque angle, & un cercle au milieu, dans lequel eft, d'un côté, Saint-Louis ; & fur ce côté eft écrit *Ludovicus magnus inftituit anno 1693* : à l'envers, eft une épée couronnée de lauriers avec la devife : *Bellicæ virtutis præmium*. Le ruban rouge fe porte à la boutonniere ; le grand cordon, en écharpe de gauche à droite. Cet Ordre à 450 mille livres de revenu, & dix Officiers Grands-Croix.

13°. L'Ordre de *Saint-André de Ruffie*, inftitué en 1698 par le Czar Pierre I fur le modele de celui de Saint-Louis. Les Chevaliers portent une Croix compofée de l'aigle noir Impérial à deux têtes, au milieu duquel eft Saint André fur fa croix. Le cordon eft bleu, en écharpe, de gauche à droite. L'étoile fur l'habit, eft un médaillon

rond fur lequel il y a une Croix bleue de
Saint-André.

14°. L'Ordre de l'*Aigle noir*, inftitué
en 1701 par Frédéric, Electeur de Brandebourg, premier Roi de Pruffe, le jour
de fon Couronnement. Il lui donna pour
devife, *fuum cuique*.

15°. L'Ordre du *Mérite Militaire*, inftitué en 1759 par Louis XV, en faveur
des Officiers de fes troupes qui font nés
dans les pays où la Religion proteftante
eft établie. Cet Ordre a trois dignités,
deux Grands-Maîtres & plufieurs Chevaliers
qui portent une Croix d'or à huit pointes,
pareille à la Croix de Saint-Louis, avec
cette différence que dans celle-ci, il y a
d'un côté une épée en pal avec la devife,
pro virtute bellica : au revers, une Couronne de lauriers, & autour *Ludovicus
XV inftituit 1759* ; le ruban eft bleu
foncé.

Remarquez que l'Ordre *du Mérite* établi
en 1744 par le Roi de Pruffe Frédéric
III, fur le modele de celui de Saint-
Louis & pour le même objet, a même
Croix & même ruban que l'Ordre du Mérite
Militaire.

QUATRIÉME PARTIE.

DE L'ASIE.

L'ASIE est la plus grande & la plus riche des trois parties de notre continent, & la seconde en ordre, quoique la premiere habitée. Elle a été le siege des plus anciennes Monarchies du monde & le berceau des quatre principales Religions. Elle n'est pas peuplée à proportion de son étendue. L'air y est très-froid vers le nord, tempéré dans le milieu, très-chaud sous la Zone torride. Outre les animaux que nous avons en Europe, elle en a plusieurs qui sont inconnus à nos climats, comme le rhinocéros, l'éléphant, le crocodile, le lion, le tigre, le léopard, le perroquet, le zebre, &c. Les Asiatiques sont, en général, peu lettrés, oisifs, sensuels & efféminés, à l'exception de quelques montagnards & des Tartares.

Nous diviserons l'Asie en huit parties principales, outre les îles : Une, au nord ; savoir, la *Russie Asiatique* ou *la Tartarie-Russienne.*

Trois au milieu ; la *Turquie Asiatique*, la *Tartarie indépendante*, & la *Tartarie Chinoise.*

Quatre au midi ; l'*Arabie* ; la *Perfe*, l'*Inde* & la *Chine*.

ETATS DU NORD DE L'ASIE.

I.

LA RUSSIE ASIATIQUE,

OU

LA TARTARIE RUSSIENNE.

Cette partie la plus étendue de l'Empire Ruffe déjà fi vafte, fe divife en trois Gouvernemens, favoir, 1°. celui d'*Aftracan*, Archevêché, Capitale du Royaume de ce nom, à l'embouchure du Wolga. Il comprend la *Circaffie* feptentrionale dont Terki eft la Capitale, & s'étend jufqu'à la mer d'Azof, entre le Don & le Kuban. Le refte de la Circaffie & le *Dagheftan* habité par des peuples féroces qui prennent le nom de peuples du Caucafe, eft foumis à divers Kans ou Princes particuliers.

2°. Le Gouvernement d'*Orenbourg* ; 3°. celui de la *Sibérie*, dont la Capitale eft Tobolsk, Archevêché, fur le confluent du Tobol & de l'Irtis. La nouvelle Zemle, île féparée de la Sibérie par le détroit de Waigats, eft peu connue.

La Sibérie s'étend le long de la mer

glaciale depuis les monts Poyas, jufqu'à l'Océan oriental. Ses principales Provinces font celles de Tobolsk; de Jenifeisk, fur le Jenifcéa; d'Irkutsk, fur l'Angara; & de Jakutsk; fur le Lena. Ce pays eft mal peuplé, rempli de montagnes dont quelques-unes font affez riches en métaux, & de vaftes forêts où l'on trouve des ours blancs, des caftors, des hermines, des martres-zibelines & autres animaux dont les fourrures font très-eftimées.

C'eft dans cette trifte & rude contrée, que la Cour de Ruffie relegue les prifonniers d'Etat. On diftingue les naturels du pays en plufieurs hordes : les *Samoyedes* & les *Oftiaques* à l'oueft, font prefque fauvages, petits & laids : un arc, des flèches, un couteau & une marmite font toutes leurs richeffes. Les *Tongufes* s'étendent jufqu'à la mer de Kamtfchatka; ils font, dit-on, braves, robuftes & idolâtres. Les *Tzutktzchi*, au nord-eft, font féroces. On appelle *Kamtfchadales* les habitans de la prefqu'île de Kamtfchatka où les Ruffes ont bâti les ports de Saint-Pierre & Saint-Paul.

Le Gouvernement d'Aftracan produit du blé, des fruits excellens & même du vin. La partie méridionale eft fort fabloneufe. On y trouve grand nombre de fources d'eau falée qui fourniffent du beau fel & en abondance. La ville d'Aftracan fait

un commerce confidérable avec les Perfans & avec les Turcs.

ETATS DU MILIEU DE L'ASIE.

I.

LA TURQUIE ASIATIQUE.

Cette partie de l'Empire Turc com-
prend, 1°. la *Natolie*; 2°. la *Sourie*; 3°. le
Diarbeck; 4°. l'*Arménie* & la *Géorgie* occidentales.

La Natolie, autrefois l'Afie Mineure.

Cette grande prefqu'île fe divife en
quatre grands Gouvernemens, favoir,
1°. la *Natolie-propre*, à l'oueft. Ses principales villes font Chiutaye fa Capitale;
Scutari regardée comme un des fauxbourgs
de Conftantinople; Ifnik-mid, autrefois *Ni-
comédie*, Archevêché grec; Ifnik, autrefois *Nicée*, Archevêché grec; Burfe ancienne Capitale des Turcs avant la prife
de Conftantinople, Evêché grec; Angora,
autrefois *Ancyre*, Archevêché grec; on
y fait des camelots du poil des chats &
des chevres : Sinope la patrie de Diogene,
fur la mer noire; Smyrne, la plus grande
& la plus commerçante des échelles du Levant, fur l'Archipel; fes magafins contien-

)nent toute forte de marchandifes; & prin-
icipalement du coton, du chanvre, de la
foie, des tapis de Turquie, de la téré-
benthine de Scio meilleure que celle de
Chypre, quantité de drogues médicinales,
des cuirs, des maroquins, des éponges,
&c.

On voit encore les ruines de Troye,
fur le Xante, au fud-oueft des Châteaux
des Dardanelles, & de l'ancienne Dar-
danus. Pergame, au fud-eft. Les ruines
d'Ephèfe, de Milet & d'Halicarnaffe, au
fud de Smyrne. A l'eft, on trouve Sart,
autrefois Sardes, fur le Pactole, Capitale
du Royaume de Créfus.

2°. La *Caramanie* : fa Capitale eft Cogni.
Ses pâturages nourriffent des moutons dont
la queue pefe jufqu'à 30 livres. Tarfe eft
à l'embouchure du Cydne.

3°. L'*Amafie ;* fa Capitale eft Amafie,
ville riche & peuplée. Sivas & Trébifonde
font le fiège d'un Archevêché grec.

4°. L'*Aladulie*, Marask, fur l'ancien
fleuve Pyrame, en eft la Capitale.

La Sourie ou Syrie.

La Syrie renferme 1°. la *Syrie-propre ;*
Alep, la troifieme ville de l'Empire Ottoman, grande, commerçante & bien peuplée, eft fa Capitale ; on en tire particuliérement, des peaux dé chagrin, des

noix de galle, du séné, &c. Plusieurs nations Européennes y ont un Consul. Alexandrette est pour ainsi dire, le port d'Alep. On y dresse des pigeons à porter des lettres jusqu'à la Capitale. Antioche, sur l'Oronte, est bien déchue de son ancienne grandeur.

2°. La *Phénicie* a pour Capitale Damas célèbre par la bonté de son acier. A 30 lieues au nord-est de cette ville, on voit les superbes restes de l'ancienne Palmyre. Tripoli ; Seyde, autrefois Sidon ; & Sour, autrefois Tyr, sont sur la Méditerranée.

3°. La *Palestine* ou la *Judée* : Jérusalem sa Capitale n'est plus célèbre que par les montagnes du Calvaire & de Sion, & les autres lieux saints qu'elle renferme. Acre, autrefois Ptolémaïde ; Jaffa ou Joppé, & Gaza, sont sur la Méditerranée.

Le Diarbeck.

Il renferme 1°. le *Diarbeck-propre*, la *Mésopotamie* des anciens, entre le Tigre & l'Éuphrate. Sa Capitale est Diarbekir, ville riche & marchande, sur le Tigre.

2°. Le *Curdistan* ou *Pays des Curdes*, l'*Assyrie* des anciens : elle est partagée entre le Grand-Turc & plusieurs Emirs tributaires de la Porte ou de la Perse. Betlis, place forte, est sa Capitale. Le lac de Van est fort poissoneux.

3°. L'*Irac-Arabi* répond à la *Babylonie*
& à la *Chaldée* des anciens. Bagdad, fur
le Tigre, vis-à-vis de l'ancienne Séleucie,
& Baffora, ville forte & marchande, au-
deffous du confluent du Tigre & de l'Euphrate, font les Capitales des deux Gouvernemens de même nom. Babylone,
fur l'Euphrate, en ruines.

L'Arménie ou la Turcomanie, & la Géorgie.

L'*Arménie* fe divife en *Turque*, dont
la Capitale eft Erzerom, Evêché grec,
fur l'Euphrate; & en *Perfane* dont la Capitale eft Erivan; elle eft le fiège d'un Patriarche Arménien.

La *Géorgie-Turque* ou *occidentale* ren-
ferme la *Mingrelie* qui fait partie de la
Colchide des anciens, l'*Imirette* & le *Guriel.*
L'Orientale appartient à un Roi hérédi-
taire, dépendant de la Cour de Perfe. Sa
Capitale eft Teflis, fur le Kur.

L'*Afie-Mineure*, cette contrée autrefois
fi fertile, fi peuplée & qui avoit été divifée
en un grand nombre de Provinces célèbres,
telles que la *Myfie*, la *Bithinye*, la *Paphla-
gonie*, la *Lydie*, la *Carie*, la *Lycie*, la
Pamphylie, la *Galatie*, la *Phrygie*, la *Cili-
cie*, la *Cappadoce*, le *Pont*, eft défolée aujour-
d'hui, par la pefte, les fréquens tremblemens de terre, & languiffante fous le
Gouvernement des Turcs. L'air y eft plus

chaud que froid ; le ciel beau : la Syrie
est un des plus beaux pays du monde
& des plus fertiles, mais il est mal cultivé.
La Palestine n'a aucun reste de son ancienne splendeur. Les Arméniens font leur
principale occupation de la nourriture des
troupeaux. Quelques-uns s'adonnent aussi
au commerce. Les Géorgiennes passent
pour les plus belles femmes du monde.

II.

LA TARTARIE INDÉPENDANTE

ET CHINOISE.

La *Tartarie indépendante*, à l'est de la
mer Caspienne, est gouvernée par plusieurs
Kans particuliers, indépendans, vivans
à la maniere de Scythes Asiatiques dont
ils descendent, idolâtres ou Mahométans.
Elle renferme 1°. le Pays des *Turkmans*
& des *Karakalpaks*, à l'ouest & au nord
du lac Aral ; le *Karasm* & le *Turkestan*,
au sud & à l'est.

2°. Le pays des *Usbecs* ou la *grande
Bukarie*, dont la Capitale est Samarcande,
ville ancienne, grande, & bien fortifiée,
autrefois la Capitale du fameux Tamerlan,
avec une Académie des sciences célèbre
dans les pays Mahométans. On y fabrique
le plus beau papier de soie de tout l'O-
rient, & il croît des melons, du vin, &

quantité d'autres fruits excellens dans son territoire. Au sud de Samarcande, on trouve Balk, autrefois *Bactra*, Capitale de l'ancienne *Bactriane*, sur le Gihon ou l'O-xus des anciens.

3°. Les *Calmoucks* & les *Eleuths* dans le pays des anciens *Massagetes*. Leur Kan possede la *petite Bukarie* qui est le pays le plus élevé de l'Asie. Le désert de *Cobi* s'étend jusques dans la Tartarie Chinoise.

4°. Le *Tibet* ou *Boutan*, ou le Royaume de *Tangut*, est le Patrimoine du Dalaï-lama, ou grand Pontife des Tartares idolâtres.

La *Tartarie Chinoise* est séparée de la Chine par une muraille de plus de 500 lieues de long, 45 pieds de hauteur, & 18 d'épaisseur. Ce pays est habité par trois peuples principaux : savoir, les *Kalkas* ou *Mongous jaunes*, séparés des *Mongous noirs* par le désert de Cobi, & les *Mantcheoux*, tous idolâtres & tributaires ou dépendans de la Chine, vivans sous des tentes faites de peaux.

C'est de ces pays que nous vient la meilleure rhubarbe. L'animal qui produit le musc, naît particuliérement dans le Tibet ; il a la figure & la couleur d'une biche. Les Mongous noirs ont quelques mines d'étain, & des forêts où l'Empereur de la Chine va quelquefois prendre le plaisir de la chasse.

ETATS DU MIDI DE L'ASIE.
I.
L'ARABIE.

L'*Arabie* n'est fertile & peuplée que sur les côtes & dans sa partie méridionale : par-tout ailleurs, on ne trouve que des sables, des déserts, des montagnes & peu d'eau; il n'y pleut que rarement. Son commerce consiste en parfums, en baume (de la Mecque), en drogues médicinales, en corail & sur-tout en caffé (de Moka), le meilleur de tous. Les chevaux arabes surpassent tous les autres en vitesse, en intelligence & en beauté.

Les Arabes sont petits, basanés & robustes. Ceux qui vivent dans le désert, sont partagés en plusieurs hordes indépendantes: leurs troupeaux fournissent à leur nourriture; le brigandage & les rapines, au reste de leurs besoins. Ceux qui habitent les villes cultivent l'astronomie, la médecine & s'adonnent au commerce. Leur maniere de compter a été généralement adoptée, & leur langue est très-étendue.

On divise l'Arabie en trois parties ; 1°. l'*Arabie Pétrée*, elle est soumise au Turc. Sa Capitale est Herac, autrefois *Pétra*, au sud de la mer morte.

2°. L'*Arabie déserte*; ses principales villes

font Ana, fur l'Euphrate, réfidence d'un *Emir* tributaire de la Porte; & Mafcate, Capitale d'un Royaume de même nom. Le pays & l'île de Bahrain autour de laquelle on pêche les plus groffes perles, font au Roi de Perfe.

3°. L'*Arabie heureufe ;* elle renferme les Etats du Cherif de Médine, du Cherif de la Mecque, du Roi d'Yemen, Prince Mahométan dont la Capitale eft Sana, au nord-eft d'Aden & de Moka ; & du Roi de Fartach. Les Mahométans de toutes les fectes vont en pélérinage à la Mecque, patrie de Mahomet, & delà à Médine où eft fon tombeau.

II.

LA PERSE.

Ce Royaume héréditaire eft très-étendu & l'un des plus célèbres Empires de l'Afie dans l'hiftoire ancienne. L'air y eft fort fain; tempéré dans la partie feptentrionale, fort chaud dans les parties du midi. Son Gouvernement eft *defpotique ;* fa Religion, *Mahométane* de la fecte d'Ali, ennemie de celle d'Omar. Les Perfans font grands, bien faits, un peu bafanés, polis & affables. Ils cultivent les arts & les fciences avec quelques fuccès. Un Italien leur a enfeigné la maniere de faire le verre. Leurs femmes font belles, leurs chevaux très-adroits,

leurs chameaux très-forts, leur terroir
fec & fabloneux. Le défaut des grandes
rivieres contribue à cette aridité : mais
l'induftrie des Perfans eft parvenue à ferti-
lifer le fol en bien des endroits, & on
y recueille d'excellens fruits, du vin, &
toute forte de grains, excepté le feigle
& l'avoine. Leur commerce confifte en
tapis, en foies écrues & travaillées, en
toiles peintes de coton, en riz, en perles.
On trouve dans les montagnes, des mines
d'or, d'argent, de fer ; peu de bois.

La Perfe contient treize Provinces, fans
compter la Turcomanie & la Géorgie orientales. Ifpahan, dans l'*Yrac-agemi*, autrefois la *grande Médie*, eft la Capitale de
tout le Royaume & la réfidence du Souverain appellé *Sophi*. Cette ville eft auffi
grande & auffi peuplée que Paris. On y
compte plufieurs colléges, plufieurs cara-
venferas ou bâtimens pour loger les voyageurs, plufieurs bafars ou marchés couverts,
plufieurs palais, un grand nombre de caffés,
plufieurs ponts fur la riviere de Zende-
routh, &c. Les Capucins, les Auguftins
& les Carmes y ont un établiffement. Sa
longitude orientale eft de 50ᵈ....30'.....
fa latitude 32ᵈ...25'.... Tauris, autrefois *Gaza*, dans l'*Aderbijan* ou la *petite
Médie*, eft la feconde ville du Royaume.
Au fud de Tauris, on voit l'ancienne *Ec-*

batane, sous le nom d'Amadan. Les Français, les Anglais, les Hollandais, ont un comptoir à Bender-Abassi, sur le détroit d'Ormus.

III.

L'INDE.

L'Inde, cette vaste contrée si fertile & si riche en or, en argent, en pierres précieuses, en perles, tire son nom du fleuve *Indus*, aujourd'hui le Sinde. L'air y est pur & sain; tempéré, dans la partie la plus septentrionale; très-chaud dans les parties du midi, dont les peuples sont fort basanés; mais les pluies qui y tombent pendant trois mois entiers, rendent la chaleur plus supportable. Le terroir y est fertile en tout ce qui est nécessaire à la vie, & surtout en riz & en fruits qui fournissent une nourriture aussi saine que rafraîchissante, tels que les bananes, les cocos, les oranges, les figues, &c. Les arbres y sont toujours verds, & on n'y connoît que deux saisons, l'été & l'hiver, &c. On en tire de la soie, du coton, des toiles peintes, des mousselines, des tapis à fond d'or, du musc, des épiceries, des drogues médicinales, de l'indigo, &c. Les perles que l'on pêche au cap Comorin, sont les plus belles du monde. Les singes y sont en grand nombre. On y voit aussi des lions, des tigres, des léopards, des éléphans, des rhinocéros, des chameaux, des crocodiles, des perroquets, & d'autres oiseaux rares & curieux.

L'Inde est composée de deux grandes presqu'îles, l'une *en deçà*, l'autre *en delà* du Gange.

La presqu'île *en deçà du Gange*, renferme, 1°. l'*Indostan* ou l'Empire du Grand-Mogol, au nord. Cet Etat est sujet à des révolutions, parce qu'il n'y a pas de loi fixe pour la succession. Sa Capitale est *Agra* au sud de Delhi où l'on voit le trône du despote, célèbre par sa richesse & sa magnificence, & par les noms de Genghiskan & de Tamerlan. Après ces villes, les plus remarquables sont Cachemire, au nord ; Tatta, près de l'embouchure du Sinde, Diu, Cambaye, Surate riche & marchande, dans la province de Guzarate : Ganjam & Jagrenat où le Grand-Prêtre des Bramines fait sa résidence, sur la côte d'Orixa : Calcutta, Chandernagor, Ongli & Daca, sur le Gange, dans le Royaume de Bengale.

2°. Le Royaume de *Visapour* ; le Roi, vassal du Grand-Mogol, fait sa résidence à Visapour. On trouve sur les côtes, Daman, Bacaïm sujette à la peste, Chaul avec un fort, Rajapour, Vingrela & Goa .

3°. Les côtes de *Canara* & de *Malabar*: on trouve sur la premiere Onor & Barcelor.

Sur la seconde, Cananor, Calicut, Cochin & Porca, Capitales de quatre Royaumes de même nom. Mahé, au nord de Calicut.

4°. La côte orientale ou de *Coromandel* contient les Royaumes de Maduré, où est Tutucorin; de *Tanjaor* où sont Negaptnan, Karikal, & Trankebar : de *Gengi*, où est Pondicheri : de *Carnate* où sont Saint-Thomé, Madras & Faliacate : de *Golconde* tributaire du Grand-Mogol. Les mines de diamant sont à Coulour. Sur la côte, on trouve Masulipatnan, Visigapatnan & Bimilipatnan.

Les *Marattes* habitent les pays montagneux de l'intérieur ; ils sont les plus aguerris de tous ces peuples.

La presqu'île *en delà du Gange* contient les Etats des Rois d'*Aracan*, d'*Ava*, du *Pégu*, de *Siam*, de *Laos*, de la *Cochinchine* & de *Tonquin*. Le Royaume de Camboge & la presqu'île de Malaca au nord de laquelle on trouve Mergui, dépendent du Despote de Siam : celui de Tonquin fait sa résidence à Kécho, au nord de Héan. A Siam, l'éléphant blanc, ou l'éléphant Royal, habite sous des lambris dorés, & on le sert dans une vaisselle d'or.

Les Mogols sont tartares d'origine, & Mahométans de la secte d'Omar. Les Indiens originaires sont doux, humains, peu accessibles aux passions violentes, aimant les travaux paiſibles, eſclaves de leurs maîtres. Ils croyent à la métempſicoſe & adorent leurs *Pagodes* ſous la conduite de leurs *Bonzes*, *Brames*, ou *Bramines*. L'une & l'autre Religion a ſes *Faquirs* ou Religieux qui exercent ſur eux des auſtérités cruelles. Il n'eſt plus permis aux femmes de ſe brûler avec le cadavre de leur mari.

IV.

LA CHINE.

L'Empire de la *Chine* eſt le plus (*a*) ancien, le plus peuplé, & un des plus floriſſans qu'il y ait au monde. Le deſpotiſme aſiatique y eſt modéré par l'amour que le Prince porte à ſes peuples. La Religion eſt payenne & ſe diviſe en deux ſectes, celle des *Mandarins* ou *Lettrés* qui offrent des ſacrifices à *Confucius* ; l'Empereur en eſt le chef ; & celle du peuple qui croit à la magie, à la métempſicoſe & qui adore l'idole *Fô* à l'exemple de ſes Bonzes. Nos Miſſionnaires ont prêché le Chriſtianiſme en quelques endroits.

(*a*) Les annales Chinoiſes font remonter la fondation de cet Empire, vers l'an 2411 avant J. C. il a eu 237 Empereurs de 22 familles ou Dynaſties différentes.

Le pays eſt très-fertile en blé, en riz, & autres grains; en fruits excellens, en lin, en ſucre, en drogues médicinales, &c. Il a des mines de tous les métaux, de pierres précieuſes & de pierres d'aimant. On en tire du coton, du thé, du vernis, des perles, de la porcelaine, des riches étoffes en ſoie, &c. L'air y eſt tempéré, au nord; fort chaud, au midi.

Les Chinois ſont petits; ils ont le viſage & le front larges, les yeux retrécis, le nez court, les oreilles grandes. Ils ſe raſent la tête, excepté ſur le devant. Ils ſont très-attachés aux anciens uſages, grands formaliſtes, fort prévenus en faveur de leur nation qu'ils préferent à toutes les autres; civils, ſpirituels, induſtrieux, quoique médiocrement verſés dans les arts & dans les ſciences (a), On prétend qu'ils avoient inventé l'imprimerie, la bouſſole, la verre-

____

(a) Il n'eſt point étonnant que les Chinois, toute autre conſidération à part, ayent fait moins de progrès dans les ſciences que les Européens. La plupart paſſent leur vie à apprendre à lire & meurent ſans avoir connu tous les caractères de leur langue, au nombre de 80000. Ces caractères ne repréſentent, ni des lettres, ni des ſyllabes, ni des mots, mais ſeulement des idées En ſorte que les Japonois qui ſe ſervent des mêmes caractères, & les Chinois, entendent mutuellement ce qu'ils écrivent, ſans entendre ce qu'ils diſent. Ils comptent les heures du jour à la maniere des Italiens.

rie , & l'artillerie plufieurs fiècles avant nous. On les accufe d'être de mauvaife foi dans le commerce.

En Chine, la Nobleffe s'acquiert par la fcience & le mérite, fans avoir égard à la naiffance. La pluralité des femmes eft permife, le célibat profcrit. L'agriculture eft une profeffion honorée, & l'Empereur lui-même met la main à la charue une fois tous les ans. C'eft une beauté chez les femmes d'avoir les pieds très-petits, & dès leur enfance on leur donne des chauffures fi étroites qu'elles en font eftropiées, ce qui fait qu'elles fortent peu.

Pekin eft la Capitale de l'Empire & la réfidence de l'Empereur. On y compte deux millions d'habitans. Quoique fes rues ne foient pas pavées, comme celles de prefque toutes les villes d'Afie, elles font propres à caufe de la féchereffe de l'air. Longitude orientale 114^d ... 8$'$.... 45$''$.. latitude 39^d..., 54$'$.

Nankin fur le Kian, eft plus grande & moins peuplée que Pekin. On y voit une tour de porcelaine à neuf étages.

Canton, fur le Ta, eft le feul port ouvert aux étrangers. On y compte un million d'habitans. Il s'y fait un trafic immenfe de toutes les marchandifes les plus précieufes. Le Canal Royal établit une communication entre ces trois villes.

Le Souverain de la presqu'île de Corée
est tributaire & dépendant de la Chine.
Les mœurs & le Gouvernement y sont
les mêmes.

V.

*Les principales Montagnes & Rivieres
d'Asie.*

Les montagnes les plus connues de l'Asie,
sont 1°. le Mont *Caucase* entre la Mer noire
& la Mer Caspienne. Il sépare la Circassie
de la Géorgie.

2°. Le Mont *Sinaï* & le Mont *Oreb* dans
l'Arabie-Pétrée ; le Mont *Carmel*, dans
la Judée, & le Mont *Liban*, aux confins
de la *Syrie* & de la Palestine.

3°. Le Mont *Taurus* : c'est une des plus
grandes chaînes que l'on connoisse : elle
commence dans la partie méridionale de
l'Asie mineure, se répand dans l'Arménie,
où l'on distingue le Mont *Ararat*; traverse
la Perse, sépare l'Inde de la Tartarie indépendante, sous le nom de Mont *Imaüs*,
& vient se joindre aux montagnes du Tibet
où est le Mont *Poutala* sur le sommet
duquel le Dalaï-Lama des Tartares reçoit
les hommages & les adorations de toutes
les Indes.

4°. Du Mont Imaüs part la chaîne des
Gattes qui traverse la presqu'île en deçà

du Gange dans toute sa longueur, & se
termine au *Pic d'Adam* dans l'île de Céilan.

5°. Le *Bogdo* sépare la Tartarie indépendante de la Tartarie Chinoise, & se
joint du côté du sud, aux montagnes du
Tibet, & du côté du nord, à l'*Altaï* qui
forme la frontiere de la Tartarie Russienne.

Les Rivieres.

Les principales rivieres d'Asie, sont 1°. le
Jourdain : il prend sa source dans l'Anti-
Liban, forme le lac *Tibériade* ou la Mer
de Généfareth, & se jette dans le lac *As-
phaltite* ou la Mer morte après un cours
d'environ 60 lieues.

2°. Le *Tigre* & *l'Euphrate* ; ils prennent
leur source dans les montagnes d'Arménie,
& se jettent ensemble dans le golfe Persique.

3°. Le *Sinde* prend sa source au Mont
Imaüs, & se décharge dans la mer des Indes.
Le *Gange*, l'*Ana*, le *Pegu*, & la riviere
de *Camboge* viennent des montagnes du
Tibet dans la mer des Indes.

4°. L'*Obi* qui reçoit l'*Irtisz* ; le *Jenis-
sea*, le *Lena* & l'*Amur* prennent leur
source dans la chaîne de l'Altaï & se
déchargent, les trois premiers dans la Mer
glaciale, le dernier dans la mer de Kamt-
chatka.

5°. L'*Hoan* ou fleuve jaune, & le Kiang
ou

ou fleuve-bleu, nourriſſent des crocodiles, ainſi que le Gange: ils prennent leur ſource dans le Tangut, & ſe jettent dans la mer de la Chine.

Remarquez dans l'Aſie Mineure, 1°. le *Scamandre* : il prend ſa ſource au Mont *Ida*, paſſe près les ruines de Troye, reçoit le *Simoïs*, & ſe jette dans l'Archipel un peu au-deſſus du 40ᵉ degré de latitude. 2°. Le fleuve *Sangaride*; il reçoit le *Gallus*, & ſe jette dans la mer noire entre le 29 & le 30ᵉ degré de longitude. 3°. Le *Granique* & le *Tarſe* : ils ſe jettent dans la mer de Marmara entre le 25 & le 26ᵉ degré de longitude. 4°. Le *Méandre* : il reçoit le *Marſyas* & ſe jette dans l'Archipel entre Epheſe & Milet. 5°. Le *Pyrame* aujourd'hui le Geihoum : il ſe jette dans la Méditerranée entre le 33 & le 34ᵉ degré de longitude.

V I.

Les Iles de l'Aſie.

Dans la Méditerranée, les plus connues ſont, *Stalimene*, *Tenedo*, *Metelin*, *Scio*, & *Samo*, autrefois *Lemnos*, *Tenedos*, *Leſbos*, *Chio & Samos* : *Rhodes* fameuſe par ſon Coloſſe; & *Chypre* renommée par ſes bons vins; au Turc. Nicoſie eſt la Capitale de l'île de Chypre, le Siège d'un

H

Archevêché grec, & la réfidence d'un Bacha.

Dans la mer des Indes, 1°. l'île de *Bombai*; elle eft fertile en cocos, mais l'air y eft mal fain.

2°. Les îles *Maldives*; ces petites îles, au nombre de plus de dix mille, appartiennent à un Defpote Mahometan qui réfide à Male; les bananes & les cocos y font très-communs, mais l'air y eft mal fain.

3°. L'île de *Ceilam*, d'où l'on tire la meilleure canelle. L'air y eft très-fain.

4°. Les îles des *Andamans*, peu connues.

5°. Les îles de la *Sonde :* trois principales, *Sumatra*, *Java*, *Borneo*, très-fertiles en épiceries & fur-tout en poivre. L'air y eft très-chaud & peu fain. Elles font divifées en plufieurs petits Royaumes dont les plus confidérables font celui d'*Achem*, dans la premiere : de *Bantam* & de *Materan*, dans la feconde : de *Borneo*, dans la troifieme, laquelle fournit le camphre le plus eftimé.

6°. Les *Moluques* très-fertiles en clous de girofle, noix mufcades & autres épiceries. La plus confidérable eft l'île *Célebe* ou *Macaffar*, d'où l'on tire le bois aromatique de fandal, & l'aloës ou calembouc. On y trouve auffi des carrieres de belles pierres, ce qui eft rare dans l'Inde.

Les autres Moluques sont *Gilolo*, *Ternate*, *Amboine*, *Ceram*, *Banda*, *Timor*, &c. Les habitans sont noirs, comme ceux des îles de la Sonde, sans être negres, idolâtres ou Mahométans, opprimés par les *Malais*, peuples étrangers qui se sont établis à main armée dans les îles de la Sonde. Par-tout, on trouve des serpens d'une longueur & d'une grosseur extraordinaires.

7°. Les îles *Manilles* ou *Philippines*, sujettes aux tremblemens de terre : elles obéissent au Sultan de *Mindanao* à l'exception de l'île de *Luçon* dont la Capitale est *Manille* †, & de la petite île de *Bunwot*, au sud de Mindanao. L'air y est chaud & assez mal sain, mais elles sont très-fertiles en blé, en riz, en coton & en toute sorte de fruits rares, bananes, épiceries, &c. L'île de Luçon jouit d'un meilleur air, & les eaux y sont excellentes ; elle abonde en bestiaux & en bons chevaux. Les îles de *Palaos*, à l'est, sont peu connues. Les îles *Mariannes* ou des *Larrons*, la *Nouvelle Guinée*, & la *Nouvelle-Hollande*, le sont encore moins.

8°. Les îles de *Hainan* & de *Formose*, entre lesquelles on trouve celle de *Macao*, sont divisées par une chaîne de montagnes, en partie occidentale, aux Chinois ; & en partie orientale habitée par les naturels du pays. L'île Formose est très-fer-

tile. Les îles de *Lequio*, au nord-est, obéissent à un Roi particulier.

9°. Les îles du *Japon* forment un Empire
idolâtre & despotique. Les tremblemens
de terre y sont fréquens, l'air y est sain, &
assez tempéré. Le sol est montagneux, pierreux & peu fertile ; mais l'industrie des
habitans y supplée, & on y recueille du
blé, de l'orge, du millet, du riz, du thé,
& beaucoup de fruits, mais inférieurs pour
le goût à ceux des autres contrées de
l'Orient. On y trouve l'arbre à papier ;
le kus ou l'arbre du camphre ; l'urrusi
dont le jus blanchâtre sert à vernir les
meubles & la vaisselle ; de la soie, de la
porcelaine préférable à celle de la Chine,
des mines d'or, d'argent, d'étain très-estimé, des dents d'éléphant, des agathes,
des perles, &c. Les Japonais sont petits,
un peu bazanés, robustes, adroits, fiers
& vindicatifs. Le noir est chez eux une
couleur de réjouissance ; ils portent leur
deuil en blanc, boivent chaud & saluent
du pied. L'Empereur fait sa résidence à
Jedo, Capitale de l'île de Niphon, & de
tout l'Empire : le *Daïro* chef de la réligion, fait la sienne à Méaco où se fait
le principal commerce des Japonais avec
les autres Nations. Le port de Nanga-
sacki, dans l'île de Kiusiu, est aussi très-
fréquenté.

10°. Les îles de l'Archipel du nord, peu connues.

VII.

Possessions des Européens en Asie.

1°. Les *Portugais* possèdent Diu, Daman, Bacaïm, Goa ‡, résidence d'un vice-Roi, Saint-Thomé & Macao †, Capitale de l'île de ce nom.

2°. Les *Espagnols*, l'île & la ville de Manille ‡, résidence d'un vice-Roi, le siège d'un Conseil Souverain, & l'entrepôt des richesses de l'ancien & du nouveau monde : les îles Mariannes & Carolines.

3°. Les *Français* : Pondichéri est le chef-lieu de leur commerce dans l'Inde. Les districts de Velanour & de Bahour forment son arrondissement. Ils sont maîtres de Mahé, d'où ils tirent le poivre, de Karikal avec deux Magans & de Chandernagor qu'ils peuvent entourer d'un fossé. Ils ont un comptoir à Surate, à Rajapour, à Mergui & à Héan où ils ont bâti un beau palais pour l'Evêque missionnaire.

4°. Les *Anglais* ont fait de Calcutta la Capitale du Royaume de Bengale où ils sont les maîtres. L'île de Bombai, Visigapatnan & Negapatnan leur appartiennent. Ils ont un comptoir à Surate, à Daca, à Ganjam, à Kecho. Ils ont planté des

mufcadiers & des girofliers dans la petite
île de Bunwot. Madras eft le chef-lieu de
leur commerce.

5°. Les *Hollandais* ; Vingrela, Onor,
Barcelor, Cananor, Paliacate, Tutucorin, Malaca. Ils tiennent garnifon à Cochin. Ils font encore maitres des côtes
de l'île de Ceilan où l'on trouve Trin-
quemale & Colombo réfidence du Gouverneur Hollandais. Le Roi de Candi,
idolâtre, occupe l'intérieur. Ils ont un
comptoir à Surate, à Porca, à Bimilipatan,
à Daca, à Ougli, à Siam, à Kecho, à
Jambi, à Palimban & à Andragiri, dans
l'île de Sumatra, où ils ont bâti des forts
qui les y rendent plus puiffans que les Rois.
Batavia, dans l'île de Java, eft le chef-lieu
de leur commerce. Cette ville, qui eft très-
forte, leur affure la poffeffion d'une grande
partie de l'île. C'eft dans ce port que les
habitans de Borneo apportent eux-mêmes
les productions de leur pays. Ils ont un
fort dans l'île de Banca. L'île Amboine
eft leur meilleur établiffement après Batavia. Ils tiennent dans leur dépendance les
Rois des autres Moluques.

6°. Les *Danois* ont Tranquebar. Toutes
les Nations de l'Europe ont un comptoir
à Mafulipatan.

CINQUIÉME PARTIE.

L'AFRIQUE.

L'AFRIQUE tient le milieu, pour la grandeur, entre l'Europe & l'Asie. Les anciens n'en connoissoient que la partie septentrionale & la partie orientale en deçà de la ligne qui la coupe, à peu-près, par le milieu. Aujourd'hui même encore nous n'en connoissons bien que les côtes, l'intérieur étant de trop difficile accès, tant à cause de la quantité d'animaux dangereux qu'on y rencontre, qu'à cause des chaleurs insupportables qu'on y éprouve, & qu'il est dénué d'eau & d'habitans.

L'Afrique produit la casse & le sené. On en tire des gommes pour la teinture, de l'ivoire, de l'ébéne, des plumes d'autruche, de la poudre d'or, des dattes & des vins excellens. Il semble qu'elle soit la patrie originaire des lions; soit parce qu'on les y trouve en plus grand nombre qu'en Asie; soit parce qu'ils y sont d'une taille & d'une fierté terribles. Le chameau, le rhinoceros, le tigre, le caméléon, les onces y sont aussi plus communs. On y trouve encore plusieurs especes de singes

H iv

très-variés pour la taille, la figure & la couleur. La plus grande espece, dite des *Pongos*, a environ cinq pieds de hauteur.

Nous diviserons l'Afrique en huit parties principales, outre les îles ;

Deux au nord, la *Barbarie* & l'*Egypte*.

Quatre au milieu, la *Nigritie*, la *Nubie*, l'*Abyssinie* & la *Guinée*.

Deux au midi, le *Congo* & la *Cafrérie*.

ETATS DU NORD DE L'AFRIQUE.

I.

LA BARBARIE.

Cette région, qui s'étend depuis le détroit de Gibraltar jusqu'à l'Egypte, dans laquelle on comptoit autrefois un grand nombre d'Evêchés, & qui a donné le jour à Annibal, à Asdrubal, à Térence, à Tertullien, à Saint Cyprien & à Saint Augustin, est habitée aujourd'hui par des Barbaresques venus d'Arabie, de la secte d'Omar, spirituels, mais sans goût pour les arts & les sciences, belliqueux & pirates de métier. On en tire les meilleurs maroquins & de très-bons chevaux qu'on nomme *Barbes*. L'air y est chaud ; le terroir, quoique montagneux, est fertile en blé, en vins, en citrons, oranges & autres fruits.

Elle renferme, de l'oueſt à l'eſt, les Etats du *Roi de Maroc*; les Royaumes ou Régences d'*Alger*, de *Tunis*, de *Tripoli*, & le *pays de Barca*, entre la Méditerranée & le *Sahra* ou déſert de la Barbarie.

Etats du Roi du Maroc.

Ils comprennent les Royaumes de *Maroc*, de *Fez*, de *Sus* & de *Tafilet*, dans l'ancienne *Mauritanie-occidentale*. C'eſt le pays le plus peuplé & le plus fertile de toute la Barbarie. Il y a beaucoup de Juifs. Tanger, l'Arache, Salé & Safié où les Français ont un Conſul, ſont ſur l'Océan. Tétouan, ſur la Méditerranée, eſt très-commerçante. Le Deſpote réſide à Miquenez, à l'oueſt de Fez. Il prend le titre d'*Empereur d'Afrique*.

Régences d'Alger, de Tunis, de Tripoli, &c.

Chacune de ces trois Régences eſt gouvernée, ſous la protection du Grand-Seigneur; celle d'Alger, par un *Dey*; les deux autres par un *Bey*, chefs électifs & perpétuels du *Divan*, ou Conſeil d'Etat dont les Membres ſont auſſi électifs, & ſeuls dépoſitaires de l'autorité. L'Etat d'Alger, en partie dans l'ancienne *Mauritanie orientale*, en partie dans l'ancienne *Numidie*, eſt le plus puiſſant des

H v

rois : celui de Tripoli eſt le moins fertile & le moins peuplé. La domination de Tunis s'étend ſur la majeure partie du *Biledulgerid* ou le pays des dattes, au ſud. Les trois Capitales, Alger, Tunis & Tripoli, ſont bien fortifiées. Les deux premieres ſont aſſez belles & bien peuplées, quoique l'eau douce ſoit rare à Tunis. Les toîts des maiſons ſont pavés, couverts de terre & de jardins. Les Algériens ſont les plus déterminés corſaires de la Barbarie.

Dans les Etats d'Alger, on trouve Bône, autrefois *Hyppône*, dont Saint Auguſtin fut Evêque, à l'oueſt du Baſtion de France & au nord-oueſt de Conſtantine. A trois lieues au nord de Tunis, on voit les ruines de *Carthage* au ſud-eſt de Porto-Farina, autrefois *Utique*.

Le Royaume de *Barca*, dans l'ancienne *Lybie*, appartient aux Turcs. Il eſt gouverné par un *Sangiac* qui réſide à Derne. Le terroir y eſt aſſez fertile & peuplé le long des côtes. L'intérieur, où ſont les ruines du temple de Jupiter Ammon, eſt rempli de ſables, de montagnes, ſtérile & preſque déſert.

Le *Sahra* occupe toute la partie méridionale de la Barbarie. L'eau & l'herbe y ſont fort rares. On y trouve des mers de ſable ſur leſquelles les vents excitent des tempêtes auſſi redoutables que celles de l'Océan. Néanmoins quelques cantons font habités par des peuples barbares errans çà & là avec leurs troupeaux.

I I.

L'EGYPTE.

Tout le monde fait qu'il pleut rarement en Egypte, que ce pays fabloneux doit fa merveilleufe fertilité aux inondations périodiques du Nil dont les eaux couvrent la terre depuis la mi-Juin jufqu'à la fin de Septembre, & que l'année n'eft bonne que lorfque ces eaux montent jufqu'à la hauteur de 24 pieds. Les animaux y font auffi féconds que la terre, & les hommes y vivent long-tems quoique l'air n'y foit pas toujours fain.

Cette contrée que l'on regarde comme le berceau de la géographie, de l'aftronomie, de la géométrie, &c, a fouffert différentes révolutions qui l'ont plongée dans l'ignorance & la barbarie. Les Perfes, les Macédoniens, les Romains & les Arabes appellés Sarrafins, y ont exercé tour-à-tour leur domination. Le Calife Omar s'en empara, enfuite elle eut fes Soudans particuliers. Les defcendans de Saladin furent chaffés par les Mamelus, & ceux-ci par les Turcs qui en font maîtres depuis 1517. On y trouve beaucoup de Juifs, de Chrétiens Latins & de Schifmatiques Copthes & Grecs. Les Copthes de la Secte des Jacobites, font les defcendans des anciens Egyptiens. Ils ont un Patriarche au Caire, ainfi que les Grecs.

On divife l'Egypte en *Haute*, *Baſſe* & *Moyenne*.

1°. Alexandrie, fur la Méditerranée; Rofette, autrefois *Canope*, fur le bras occidental du Nil; Damiette, fur le bras oriental, & la Maſſoure, font les villes les plus remarquables de la Baſſe Egypte, la plus fertile en blé & en riz.

2°. Le Caire, dans la Moyenne, fur la rive droite du Nil, & au fud-oueft de l'ancienne *Héliopolis*, eft la Capitale de toute l'Egypte, la réfidence du Bacha qui la gouverne, & la feconde ville de l'Empire Turc. Elle eft auffi grande, mais de moitié moins peuplée que Paris. On y fait de beaux *tapis de Turquie*, & cette ville eft fort marchande, quoique fon commerce foit bien diminué depuis qu'on s'eft ouvert un chemin aux Indes, en doublant le Cap de Bonne-Efpérance.

A l'eft du Caire on voit Suez, fur la Mer Rouge. Vis-à-vis le Caire, & de l'autre côté du Nil, on voit encore trois des fameufes pyramides de l'ancienne *Memphis :* la plus grande a 610 pieds de haut (*a*). Dans la même contrée, vers le fud-ouest, on voit l'ancien lac *Mœris* fur lequel étoit la *Barque à Caron* ; le fameux Labyrinthe à l'eft de *Crocodilopolis* aujourd'hui Fioum , & les caves qui fervoient de fépulture aux Egyptiens, d'où l'on retire encore d'anciennes *Momies*.

3°. Girgé eft aujourd'hui la Capitale de la Haute-Egypte ou du *Saïd* , anciennement la *Thébaïde*, remplie de déferts fameux par la retraite d'un grand nombre de faints Solitaires de la primitive Eglife. Au fud , & près de Kous , fur le Nil , font les ruines de la fuperbe Thebes à cent portes. Les carrieres de *granit*, aux environs.

(*a*) Ces pyramides étoient une des fept merveilles du monde. Les autres fix étoient, 1°. les murailles de Babylonne & les jardins de la Reine Sémiramis ; 2°. le Phare d'Alexandrie ; 3°. le tombeau de Maufole, Roi de Carie ; 4°. le Coloffe de Rhodes ; c'étoit une ftatue de bronze qui fervoit de Phare. Les vaiffeaux qui entroient dans le port paffoient à pleines voiles entre fes jambes. 5°. Le Temple de Diane à Ephèfe, qui fut brûlé par Eroftrate ; 6°. le Labyrinthe de Crète conftruit par Dédale, ou le Labyrinthe d'Egypte.

ETATS DU MILIEU DE L'AFRIQUE.

I.

LA NIGRITIE.

La Nigritie est un pays montagneux situé entre le dixiéme & le vingt-uniéme degré de latitude. Il renferme la *Nigritie-propre*, à l'est, dans l'ancienne *Ethiopie*; & le *Sénégal*, à l'ouest, ainsi appellé de la riviere de même nom qui l'arrose. L'air y est sain quoiqu'extrêmement chaud; & le terroir y est fertile, dans le voisinage des rivieres, en lin, en riz, en coton, & sur-tout en millet. On y fait avec le palmier du vin qui n'est pas désagréable. On compte en Nigritie plusieurs Royaumes qui ne sont guère connus que de nom. Ceux de Tombut & de Bornou passent pour être les plus puissans. Les Jalofes & les Foules, au Sénégal, sont deux nations fort nombreuses.

Les Negres sont doux, humains, compatissans, aussi sensibles aux bienfaits qu'aux outrages : mais en général, ils ont peu d'esprit & de mémoire. Ils adorent tel objet de fantaisie qu'ils appellent leur *gris-gris* ou leur *Fétiche*. Leur principal commerce, au Sénégal, avec les Européens, consiste en poudre d'or, en ivoire, en coton, en gomme, en ambre gris , & en esclaves de leur espece.

II.

LA NUBIE ET L'ABYSSINIE.

Ces contrées sont remplies de montagnes & presque aussi peu connues que la Nigritie. Elles sont fort peuplées aux environs des rivieres où le terroir est fertile en riz, en millet, en cannes à sucre. On en tire de l'ivoire & de la poudre d'or, du bois de sandal, &c. Les peuples y sont affables, spirituels, hospitaliers & très bazanés, quoique la chaleur de l'air y soit tempérée, depuis le mois de Mai jusqu'en Septembre, par des pluies continuelles.

La partie orientale de la *Nubie* où on trouve le zébre, est presque déferte. La partie septentrionale appartient aux Turcs, le reste est sous la domination du Roi de *Fungi* , qui a conquis le Royaume de *Sennar*.

L'Empire du *Grand-Négus* d'Abyssinie, que les Portugais ont appellé improprement le *Prêtre-Jean* , renferme plusieurs petits Royaumes. Ce Prince habite avec toute sa Cour, sous des tentes, à la campagne. Il est Schismatique-Grec, ainsi que ses peuples. Les *Galles* , peuples barbares du midi, lui ont enlevé plusieurs provinces, & les Turcs se sont établis sur la côte d'*Abech* où est Suaquen.

Le Nil forme avec le Takase une grande presqu'ile connue anciennement sous le nom de *Méroë*, & qui a eu plusieurs Reines fameuses, nommées *Candace*.

III.

LA GUINÉE.

La Guinée au sud de la Nigritie, est mieux peuplée & plus fertile. L'air y est excessivement chaud & mal sain. On n'y connoît que deux saisons, l'été & l'hiver ou la saison de pluies. Les moutons y ont du poil au lieu de laine. Ce pays où l'on trouve le Pongo ou *Orang-Outang*, renferme, 1°. la *côte des Graines* ou de *Malaguette* abondante en poivre; 2°. la *côtes des dents*, d'Elephant, la plus fertile en riz, millet, orge, légumes, oranges, citrons, cocos, &c. 3°. la *côte d'or*, ainsi appellée des mines qu'elle renferme; 4°. les Royaumes de *Juda* & de *Benin*. Le Despote de Benin est le plus puissant Prince de la contrée; sa Capitale est grande & bien peuplée, & les habitans sont d'une propreté admirable. Ils vont nus jusqu'à l'âge de puberté.

Les Negres de Guinée, & sur-tout ceux

de Benin, font plus noirs, plus policés, plus fpirituels & plus intelligens dans le commerce que leurs voifins; ils ne prient pas Dieu, *parce qu'il ne peut leur faire du mal ;* mais ils prient le diable, *parce qu'il eft méchant.*

ÉTATS DU MIDI DE L'AFRIQUE.

I.

LE CONGO, OU BASSE-GUINÉE.

L'air eft auffi chaud & auffi mal fain dans le Congo que dans la Guinée. Le terroir y eft montagneux & affez fertile en fruits, en riz, en cannes à fucre & en poivre long ; mais le meilleur commerce du pays confifte en poudre d'or, en ivoire & en efclaves. Il renferme plufieurs Royaumes dont les principaux font,

1°. celui de *Loango*, idolâtre. Le Roi paffe pour une divinité dans l'efprit de fes fujets, & c'eft un crime digne de mort que de le voir manger.

2°. San-Salvador †, eft la Capitale du Royaume de *Congo*, qui a donné fon nom à toute la contrée. Les Portugais y ont établi le Chriftianifme & des comptoirs.

3°. Saint-Paul de Loanda †, eft la

Capitale du Royaume d'*Angola*, au nord de celui de *Benguela*. La plupart des naturels du pays font encore idolâtres.

II.

LA CAFRERIE.

Les Arabes, dans la langue defquels le mot *Cafre* fignifie infidele, ont donné le nom de Cafrerie à ce pays immenfe renfermé entre le Congo, la Guinée, la Nigritie, l'Abyffinie & la mer. On le divife en *Cafrerie pure & mélangée.*

La *Cafrerie pure* renferme, 1°. le pays des *Hottentots* entre la côte de Natal, inconnue, à l'eft, & les côtes défertes, à l'oueft. Ces peuples, naturellement bafanés, fe noirciffent avec des graiffes. Ils s'occupent principalement de la nourriture de leur bétail & de la chaffe. La vie oifive qu'ils menent, & l'indépendance dont ils jouiffent, ont pour eux des charmes qu'ils préferent à tous les avantages de la fociété Européenne. Ils font fort laids, & d'une mal-propreté infupportable.

2°. Le *Cap*, au fud, bourg, très-propre & bien fortifié, fitué au bas de la montagne de la Table. Toutes les nations qui y abordent font obligées de payer le droit d'ancrage aux Hollandais. Il y a des arcenaux bien fournis & un bel hôpital où l'on envoie les malades des vaisseaux qui y abordent, & où l'on trouve de nouveaux matelots pour les remplacer. On voit, dans le jardin du Gouverneur pour la compagnie des Indes orientales, les arbres & les plantes les plus rares des quatre parties du monde. La montagne de la Table & celles du Lion & du Diable qui font tout auprès, font, quoiqu'escarpées, d'une grande fertilité. De tous côtés elles offrent à la vue, des belles maisons de campagne, des jardins & des vignobles qui produisent le fameux *vin du Cap* : mais les vallées font quelquefois désolées pendant la saison seche, c'est-à-dire depuis le mois de Septembre jusqu'au mois de Mars, par des coups de vent terribles de sud-est. Longitude orientale du Cap, 16°.... 4'... latitude méridionale, 33°... 55'...

3°. L'Empire du *Monomotapa* : il renferme plusieurs petits Royaumes. Il est fertile en riz, millet, fruits, cannes à sucre. Il y a beaucoup d'éléphans & des mines d'or si abondantes que les Portugais appellent le Despote de cet Empire, *l'Empereur de l'or*. On croit communément que la petite ville de Sofala, à l'embouchure de la riviere de ce nom, est l'*Ophir* où les flottes de Salomon alloient chercher l'or & l'ivoire.

4°. Les Royaumes de l'intérieur font très-peu connus. On fait feulement que celui du *Monoëmugi* eft très-fertile, qu'on y recueille beaucoup de miel, & qu'il y a plufieurs mines d'or, d'argent, de cuivre & quantité d'éléphans.

La *Cafrerie-mélangée* (d'Arabes & d'Idolâtres) comprend, 1°. La côte de *Zanguebar*. L'air y eft chaud, le terroir bas, marécageux & peu fertile. Elle renferme plufieurs Royaumes dont les principaux font ceux de *Mofambique*, de *Quiloa*, de *Monbaze* & de *Mélinde*. 2°. La côte d'*Ajan*; on y trouve la République de *Brava*, fous la protection des Portugais; le Royaume de *Madagoxo* & celui d'*Adel* féparé du précédent par la *côte déferte*. Sa Capitale eft Zéila, ville affez commerçante & peuplée. Son terroir eft fertile en blé & en pâturages quoiqu'il n'y pleuve jamais.

La richeffe de ces côtes confifte dans l'or & l'ivoire. Les peuples font noirs & vont nuds. Ils font prefque tous Mahométans.

III.

*Les principales Montagnes & Rivieres
d'Afrique.*

Il y a de fort hautes montagnes en
Afrique, & même de très-longues chaînes.
Les plus connues font, 1°. le mont *Atlas*
qui traverfe toute la Barbarie de l'oueft
à l'eft. En quelques endroits il eft couvert
de neige pendant toute l'année. 2°. Les
monts de *la Lune*, dans l'Abyffinie. 3°. Le
mont *Amedede* qui fépare le Sahra de la Nigritie. 4°. Le mont *Lupata* ou l'*Epine du
Monde*, qui traverfe la Cafrerie du nord
au fud, à l'oueft du lac *Maravi*, dont
on ne connoît pas toute l'étendue.

Les Rivieres.

Les plus connues font, 1°. le *Nil* ; il
prend fa fource dans les monts de la
Lune, arrofe la Nubie, au fortir de laquelle il fe précipite de plus de 200
pieds de haut pour entrer en Egypte.

2°. Le *Sénégal* prend fa fource au lac
Mabéria en Nigritie, & fe jette dans l'O-
céan à 40 lieues au nord du Cap-Verd.
Il eft infefté de crocodiles comme le Nil ;
il a auffi des cataractes & des déborde-
mens réglés.

3°. Le *Niger* arrofe la Nigritie. Son cours eft peu connu. On croit qu'il coule des montagnes du Tombut, au lac de Bornou.

4°. La riviere de *Gambie* prend fa fource dans les montagnes de Serrelionne ou du Lion, & fe jette dans l'Océan au-deffous du Cap-verd.

5°. Le *Zaïre* & le *Coantza* arrofent le Congo.

6°. Le *Zambeze* ou *Conama* prend fa fource dans le mont Lupata, arrofe les frontieres feptentrionales du Monomotapa, & fe décharge dans le canal de Mozambique.

I V.

Les Iles d'Afrique.

1°. Quoique les îles *Açores* foient fituées entre l'Europe & l'Amérique, on les range communément au nombre des îles d'Afrique. L'air y eft fain, tempéré & ferein. Le terroir montagneux, fertile en blé, en vin, en fruits & en *paftel*, plante qui fert à teindre en bleu. Angra †, dans l'île de Tercere, en eft la Capitale. Elle a un bon port & une bonne fortereffe.

2°. L'île de *Madere* renommée pour fes bons vins, très-fertile en blé, bananes, oranges; l'air tempéré & sain. Funchal †, Capitale, résidence du Gouverneur.

3°. Les îles *Canaries* très-fertiles en vins de *Canarie*, cannes à sucre, blé, fruits de toute espece. L'air chaud & sain. Canarie †, port commode, est le siége d'un Conseil souverain. C'est de ces îles que nous sont venus les serins.

4°. Les îles du *Cap-verd*. L'air fort chaud & mal sain. Le terroir moins fertile que dans les Canaries. Commerce de sel, de peaux de chevre dont on fait le beau maroquin, d'ambre gris, d'écailles de tortue, &c. Ribéira, dans l'île de Saint-Jago, est la Capitale & la résidence du Gouverneur. C'est de ces îles que nous sont venues les poules pintades.

5°. Les îles du *golfe de Guinée*, savoir, *Saint-Mathieu*, *l'Ascension* peu habitées; l'île *Fernando*, l'île du *Prince*, *Saint-Thomas* & *Annobon* importantes pour le commerce de Guinée. L'air y est excessivement chaud & mal sain. L'île du Prince est assez fertile en cannes à sucre. On y compte 3000 esclaves negres. On pêche à l'île Fernando des veaux & des lions marins si gros & si gras, qu'un seul produit souvent 500 pintes d'huile.

6°. L'île *Sainte-Helene* : l'air y est très-pur, les eaux excellentes, & le terroir très-fertile. La volaille, les vaches, les brebis y font en abondance, & les malades s'y rétabliffent promptement.

7°. L'île de *Madagafcar* : c'eft la plus grande que l'on connoiffe. Elle eft fertile en melons, ananas, oranges, riz, coton, poivre blanc, &c. Il y a quantité de bétail, de bois d'ébène, de bréfil, de fandal, de palmier. L'air y eft fain & affez tempéré ; les peuples très-bafanés, idolâtres & fuperftitieux. En 1673, ils égorgèrent la garnifon du fort Dauphin. Depuis, les Français fe font établis dans la petite île de Sainte-Marie, à l'eft ; ce qui facilite leur commerce avec ces peuples jaloux & cruels.

8°. L'île *Bourbon* a de bonnes rades & point de port. L'air y eft chaud, mais fain & bon pour les malades. Elle abonde en blé, en riz, tabac, poivre blanc, fruits, beftiaux, volailles, gibier, & furtout en café, le meilleur après celui de Moka. On y trouve l'ébenier, le benjoin, le cotonnier, des bois de charpente & de menuiferie, beaucoup de tortues d'une groffeur extraordinaire, comme dans la fuivante ; de l'ambre, du corail, &c. Le Gouverneur de l'île eft Chef d'un Confeil fupérieur.

9°. L'île de *France* eft devenue, par les foins de M. de la Bourdonnais, un entrepôt fûr & commode pour le commerce

des

des Français dans les Indes. Il y a fait bâtir un hôpital , des arcenaux , des fortifications. Il a appris aux habitans le radoub & la conſtruction des vaiſſeaux; la culture du ſucre, de l'indigo & du coton. L'île a deux ports & un Gouverneur chef d'un Conſeil ſupérieur. L'air y eſt ſain. Les plants de muſcade, de girofle & de canelle que M. Provoſt, ſous les ordres de M. Poivre, y apporta en 1770 & en 1772 des poſſeſſions Hollandaiſes, y réuſſiſſent fort bien. Ses montagnes ſont couvertes de bois d'ébene, & ſes côtes abondantes en poiſſon.

10°. Les îles de *Comore*, dans le canal de Moſambique, ſont fertiles en riz, citrons, bananes , &c. Elles obéiſſent à pluſieurs petits Princes noirs, idolâtres ou Mahométans, tributaires des Portugais. Les îles de l'*Amirante*, au nord-eſt, ſont peu connues.

11°. L'île de *Socotora*, célèbre par ſon excellent aloès & ſon encens, dépend du Roi de Fartach en Arabie. Les autres n'ont rien de remarquable.

V.

Poſſeſſions des Européens en Afrique.

Les *Portugais* poſſédent, 1°. les Açores;

2°. Mazagan place forte, au Royaume de Maroc; 3°. l'île de Madere; 4°. les îles du Cap-verd; 5°. les îles Fernando, du Prince & de Saint-Thomas, importantes pour le commerce qu'ils font au Royaume de Benin. 6°. Ils font très-puiffans dans le Congo, où ils font maîtres du Royaume d'Angola & d'une partie de celui de Benguela. 7°. Sofala, dans le Monomotapa. 8°. Ils font le commerce des côtes de Zanguebar & d'Ajan où ils poffédent Mofambique, réfidence du Gouverneur, & Mélinde. Le Royaume de Quiloa leur paye tribut.

Les *Efpagnols*: 1°. Ceuta, place très-forte vis-à-vis Gibraltar, Velez & Melille dans le Royaume de Fez; Oran & Mafal-quibir, dans les Etats d'Alger; 2°. les îles Canaries & l'île Annobon.

Les *Français*: 1°. le baftion de France, place importante par les blés qu'elle fournit à la Provence, la pêche du corail, la cire, les chevaux & les cuirs qu'on en tire. 2°. L'île Arguin & le port Portendik, au-deffous du Cap-blanc, fur les côtes du Sahra: ils en tirent de la gomme que les Maures vont chercher dans les bois voifins. 3°. La riviere de Sénégal fur laquelle ils ont les forts de Podor, de Galam, & le fort Saint-Louis à fon embouchure. 4°. L'île de Gorée ftérile, mais importante pour fa bonne rade. 5°. Ils ont un fort à Juda, ainsi que les Portugais & les Anglais, pour la traite des negres de cette contrée, les plus estimés & les plus chers de tous. 6°. Les îles de France & de Bourbon.

Les *Anglais :* la riviere de Gambie sur laquelle ils ont bâti le fort James ; 2°. la forteresse de Cabo-Corse, sur la côte d'or ; 3°. l'île Sainte-Hélene, établissement important pour le commerce des Indes.

Les *Hollandais* : 1°. Saint-George de la Mine, forteresse la plus importante de la côte d'or ; 2°. Benguela avec un fort, Capitale du Royaume de ce nom ; 3°. le Cap.

Les *Danois* : le port de Christiansbourg, sur la côte d'or.

SIXIÉME PARTIE.
DE L'AMÉRIQUE.

L'Amérique, que l'on appelle auſſi, quoiqu'improprement, les *Indes occidentales*, eſt la plus grande des quatre parties du monde. On y diſtingue quatre ſortes de peuples ; 1°. les naturels du pays, peuples ſauvages & ſans barbe, qui vivent de la chaſſe, de la pêche, de maïs ou blé de Turquie, de fruits, & qui ſont plus ou moins baſanés ou de couleur de cuivre ſelon les différentes huiles dont ils ſe peignent le viſage. 2°. Les Européens qui s'y ſont établis. 3°. Les Métis ou Créoles iſſus de parens Européens & Américains. 4°. Les Negres qu'on y tranſporte tous les jours d'Afrique.

L'air y eſt moins chaud dans la zone torride, & beaucoup plus froid ſous les zones tempérées, que dans les contrées de notre continent ſituées ſous la même latitude. La terre y eſt, en général, très-fertile : néanmoins les quadrupedes qu'elle nourrit paroiſſent être d'une race inférieure à ceux de l'ancien continent. Les lions, les tigres, les ours, les loups y ſont moins

gros, moins forts & moins courageux ;
les élans, les daims moins grands : la
plupart même des animaux domeſtiques
que les Européens y ont tranſportés, ont
dégénéré pour la groſſeur & pour la qualité.
On n'y connoît point l'éléphant, le rhinocéros, ni le chameau : mais les reptiles
& les inſectes y parviennent à des dimen-
ſions extraordinaires & s'y multiplient étrangement. Le ſerpent à ſonnettes, un des
plus terribles, eſt fort commun en bien
des endroits. La race aîlée paroît y avoir
moins ſouffert des influences malignes du
climat que les quadrupedes ; & le *condor*
eſt, ſans contredit, le roi des oiſeaux
pour le volume, la force & le courage.

L'*Amérique Septentrionale*.

Nous la diviſerons en ſept parties principales, outre les îles ; ſavoir, 1°. les *Terres
inconnues*, au nord ; 2°. le *Canada* ; 3°. la
Louiſiane ; 4°. *les Etats-unis* ; 5°. la *Floride* ; 6°. le *nouveau Mexique* ; 7°. l'ancien *Mexique* ou *la nouvelle Eſpagne*,
& la *Californie*.

I.

Les Terres inconnues.

Nous appelons de ce nom cette im-

menſe étendue de pays qui s'étend au
nord du nouveau Mexique & du Canada
juſqu'au delà du Cercle polaire, & dont
on n'a pu reconnoître encore que les
côtes.

Sur les côtes orientales, les Anglais ont
découvert le *Labrador* ou le pays des
Eskimaux, les Bayes de *Baffin* & d'*Hudſon*
avec l'île James, l'île de la Fortune, &c.
Ils y ont des établiſſemens & des forts pour
protéger leur commerce des ſourrures
avec les naturels du pays. Le *Groënland*,
dans le voiſinage du *Spitzberg*, a été découvert par des Norvégiens qui alloient
à la pêche de la baleine.

Les côtes occidentales ont été reconnues
par les Eſpagnols, par les Ruſſes, & enfin
par le Capitaine *Cook*. Ce célèbre marin
a relevé ces côtes depuis le 49ᵉ juſques
par-delà le détroit du nord, au 71ᵉ degré
de latitude, où il a été arrêté par les glaces.
Sa miſſion étoit de découvrir une nouvelle
route aux Indes orientales, ou, ce qui eſt
la même choſe, une communication de
la baye de Baffin ou de la baye d'Hudſon, avec la Mer pacifique. Mais ſes re-
cherches, à cet égard, ont été infruc-
tueuſes. Il a apperçu une conformité remarquable dans la figure, les vêtemens,
les uſages & la maniere de ſe nourrir
des peuples de cette contrée du nouveau

monde & des Kamtchadales. La reſſem-blance de leurs canots eſt parfaite. Plu-ſieurs volcans ſur l'une & l'autre côte.

II.

Le Canada & la Louiſiane orientale Aux Anglais.

Le *Canada* ſe diviſe, 1°. en partie de l'eſt; elle renferme l'*Acadie* ou la *Nouvelle Ecoſſe*, fertile en blé, fruits & légumes. Port-Royal ou Annapolis ſur la baye des chaſſeurs, avec un beau & vaſte port, en eſt la Capitale. Les Anglais ont bâti Halifax ſur la côte orientale. 2°. En partie du milieu où eſt Quebec, Capitale de tout le Canada, ſur le fleuve Saint-Laurent, à 60 lieues au-deſſous de Montréal. Sa longitude occ. eſt de 72°...... 13'...... ſa latitude de 46°.... 55'..... 3°. En partie de l'oueſt, habitée par différens peuples ſauvages dont les plus connus ſont les *Aſſenipouels* vers le lac Bourbon; les *Algonquins*, au nord du lac Huron; les *Hurons* & les *Iroquois* au ſud du lac Huron, du lac Erié & du lac Ontario ſur leſquels les Français avoient bâti pluſieurs forts pour contenir ces peuples inconſtans.

Le Canada, par ſa ſituation topographique, devroit jouir d'une température

à peu-près égale à celle de la France
mais les montagnes, les lacs & les forêts
qui le couvrent, font caufe que l'air y
eft très-froid & que les hivers y font
longs & rigoureux. La terre y eft affez
fertile en blé, maïs & autres grains. On
y trouve des mines de fer, de cuivre.
Son principal commerce confifte en bois
de conftruction, en pelleteries & en poils
de caftor.

La *Louifiane orientale* bornée, au fud,
par la Floride; à l'eft, par les Etats-unis;
& à l'oueft, par le Miffiffipi, n'a pas un
bourg remarquable. On n'y trouve que
quelques bourgades de fauvages dont les
plus connus font les *Illinois* & les *Chicacas*.
Le ciel y eft beau, l'air, en général,
affez fain & tempéré à caufe de l'humidité
continuelle que les rivieres & les forêts
y entretiennent. La terre y feroit très-
fertile fi elle étoit cultivée. Ses pâturages
nourriffent quantité de bétail, & particuliérement des bœufs fauvages dont les
cuirs font le principal commerce du pays.

La plupart des fauvages de ces contrées font idolâtres & croyent aux deux
principes du bien & du mal. Lorfqu'on
découvrit le Canada, leur habillement
étoit un manteau de bufle ou de caftor
ferré par une ceinture de cuir; & leur
chauffure, de peau de chevreuil. Leurs

armes étoient le casse-tête & l'arc. Depuis leur commerce avec les Européens, quelque-uns se servent des armes à feu, & ont ajouté quelque chose à leur vêtement. Rarement ils sont contrefaits. Ils aiment l'eau-de-vie avec passion. Les différentes peuplades obéissent a différens *Caciques* ou Chefs qui se font souvent la guerre. Ils se battent avec un acharnement dont on ne trouve d'exemple que chez eux. Parmi les prisonniers de guerre, les uns sont destinés à assouvir la vengeance de la nation & à être rôtis & mangés par morceaux, les autres à remplacer les guerriers que la victoire lui a coûtés.

III.

Les Etats-Unis.

Par la paix de Paris 1783, ces Colonies Anglaises qui avoient secoué le joug de leur métropole dès l'année 1776, ont été reconnues par l'Angleterre, Etats libres, souverains & indépendans. Les principales villes de cette République naissante, sont Boston, Capitale de la *Massachusets-bay* & de tous les Etats-unis, grande, bien bâtie avec un bon port; Portsmouth, Capitale du *New-hampshire*; Bristol, de *Rhod-island*; Harfort, du *Connecticut*;

New-york, vis-à-vis Long-island, du *New-york* ; Amboy, du *New-jersey* ; Philadelphie, de la *Pensilvanie*. Cette derniere ville où s'assemble le *Congrès* composé des Députés de toutes les provinces, a été fondée par William Penn de la secte des Quakers. Newcastle, Capitale de la *Delavare* ; Annapolis & Williamsbourg, sur la baye de Chésapek, Capitales du *Maryland* & de la *Virginie* ; Charlestown, de la *Caroline méridionale* ; & Savannah, de la *Géorgie*.

Le terroir y est fertile en blé, chanvre, fruits, maïs, légumes, tabac très-estimé, sur-tout celui de Virginie. L'air sain, très-froid vers le nord d'où l'on tire les meilleurs mâts de l'univers, des peaux de castor, d'origneaux, &c. tempéré vers le milieu. Toutes les réligions permises.

I V.

La Louisiane occidentale, la Floride, l'ancien & le nouveau Mexique.
Aux Espagnols.

1°. L'une & l'autre *Louisiane* seroit un des meilleurs pays de l'Amérique s'il étoit cultivé. La Nouvelle Orléans, sur le bord oriental du Mississipi, est la Capitale de *l'occidentale*. Elle est habitée, comme l'orientale, par différens peuples sauvages dont les plus connus font les *Sioux*, vers la riviere de Miſſouris; & les *Natchés*, vers la riviere Rouge. On y trouve auſſi beaucoup de ſerpens à ſonnettes. Les Eſpagnols & les Anglais ont quelques forts ſur le Miſſiſſipi. ·

2°. La *Floride*, au ſud de la Louiſiane orientale & des Etats-unis, ſe diviſe auſſi en *orientale*, où eſt Saint-Auguſtin; & en *occidentale*, où eſt Penſacola à l'eſt du fort de la Mobile. L'air y eſt chaud; les ſauvages, olivâtres, fiers & courageux.

3°. Santa-Fé †, ſur le Rio-del-norte, eſt la Capitale du *Nouveau Mexique* & la réſidence du Gouverneur. L'air y eſt froid & ſain ; le terroir, montagneux , pierreux & peu fertile. Les naturels y ſont d'un caractere doux , & idolâtres pour la plupart.

4°. Mexico ‡, ſur le lac de ce nom, la plus grande & la plus belle ville de l'Amérique, eſt la Capitale du *Mexique* ou de la *Nouvelle Eſpagne*, & la réſidence du Vice-Roi. Sa longitude occ. eſt de 102°.. 26′.... ſa latitude de 19°,... 54′....Ce pays eſt un des meilleurs & des plus beaux du nouveau monde. L'air y eſt un peu chaud, mais fort ſain ; la terre très-fertile en blé, maïs, coton, indigo, & en fruits excellens. Ses pâturages nourriſſent quantité de bétail. On y trouve des mines d'or, d'argent, & un grand nombre d'oifeaux remarquables par la beauté de leur plumage, tels que le *fen-foutlé* & le *cardinal*. On le divife en trois *Audiences* : 1°. celle de *Guadalaxara* †, au fud-oueft de Durango, où font les principales mines d'argent. De cette Audience dépend la *Californie* ; l'air y eft fain, le terroir fertile, les fauvages vifs. Les Efpagnols y ont quelques miffions. On pêche des perles fur les côtes de la mer Vermeille.

2°. L'*Yucatan* qui produit le bois de campêche, & la province de *Guaxaca* qui produit le meilleur cacao, la vanille & la cochenille la plus eftimée, dépendent de l'Audience de Mexico. On nourrit beaucoup de vers-à-foie à Valladolid. Acapulco, fur la mer Pacifique, fait le commerce de Manille ; & Vera-cruz, fur le golfe du Mexique, celui d'Efpagne. Il y a une manufacture de beaux draps & une verrerie à Puebla †, grande & belle ville.

3°. La province de *Honduras* peu fertile, dépend de l'Audience de *Guatimala*, fujette aux tremblemens de terre.

L'AMÉRIQUE MÉRIDIONALE.

Nous la diviferons en fept parties principales, outre les îles; favoir, 1°. la Terreferme; 2°. le *Pérou*; 3°. le *Chili*; 4°. le *pays des Amazones*; 5°. le *Bréfil*; 6°. le *Paraguai*; 7°. la *Terre-Magellanique.*

I.

La Terre-ferme; le Pérou; le Chili; le Paraguai.
Aux Efpagnols.

1°. L'Orénoque divife la *Terre-ferme* en deux parties, favoir, 1°. la *Caftille-d'or* ou le *nouveau Royaume de Grenade*, au nord-ouest. Ses habitans font prefque tous Efpagnols. Santa-Fé de Bogota en eft la Capitale & la réfidence du Gouverneur.

2°. La *Nouvelle Andaloufie* ou *la province de Guiane*, au fud-eft. L'intérieur de cette partie eft peu connu. Les côtes fe divifent en Guiane *Efpagnole*, dont la Capitale eft S. Thomas : en Guiane *Hollandaife*, & en Guiane *Françaife*. La Guiane Hollandaife renferme quatre colonies, favoir, d'Effequebe, de Berbice, de Surinam & de Demerari.

La Terre-ferme eft fertile en maïs, en fucre, en fruits, en cacao & en bon tabac. Il y a de bons pâturages, des arbres qui diſtillent un baume excellent, des mines d'or (les plus abondantes ſont celles de Popayan), d'argent & de cuivre. L'air y eſt ſain, & les chaleurs de la zone torride y ſont un peu tempérées par les pluyes, l'élévation du ſol & le voiſinage des montagnes. Panama eſt l'entrepôt des richeſſes du Pérou qu'on tranſporte delà, par terre, à Porto-Belo. Carthagêne †, eſt grande, forte & très-commerçante. On pêche des perles aux environs de Sainte-Marthe. Maracaïbo & Vénézuela ſont le commerce du cacao & du tabac.

2°. Le *Pérou* eſt de toutes les contrées de l'Amérique la plus riche en or & en argent. L'air y eſt aſſez tempéré quoiqu'il n'y pleuve jamais, & les Créoles y ſont d'une beauté & d'une vivacité d'eſprit remarquables. Ces avantages ſont bien contrebalancés par les tremblemens de terre auxquels elle eſt ſujette, & par les inſectes monſtrueuſement grands & les reptiles dangereux qu'on y rencontre. Son terroir eſt généralement ſec & ſabloneux ; cependant les vallées qui ſont arroſées par les eaux qui tombent des montagnes, ſont fertiles en ſucre, en froment, en orge & en fruits de différentes eſpeces. Les ceps de vigne & les oliviers qu'on y a tranſportés d'Europe y ont bien réuffi ; dans fes vaftes forêts croiffent le cédre, le cotonier, le bois de gayac, celui dont on tire le *baume du Pérou*, celui dont l'écorce eft connue fous le nom de *Quinquina*, & plufieurs autres, précieux par leur couleur & le poli dont ils font fufceptibles. Les Péruviens originaires fe font retirés dans les montagnes. Ces peuples d'un naturel doux, étoient avec ceux du Mexique, les plus civilifés du nouveau monde. Ils ont encore en horreur la mémoire de *Pifarre* & de fes compatriotes.

Les meilleures villes du Pérou font Lima ‡, Capitale, réfidence du Vice-Roi, le fiége d'un Confeil fouverain, avec une Univerfité, chef-lieu d'une Audience de même nom. En 1746, elle fut entiérement détruite par les tremblemens de terre. Quito †, célèbre par les opérations qu'y firent MM. de l'Académie des Sciences de Paris en 1740. Elle eft la Capitale d'une Audience de fon nom de laquelle dépend Guayaquil le chantier de la mer du fud. La Plata †, eft la Capitale de l'Audience de Los-charcas dans laquelle eft Potofi, fameufe par fes mines d'argent. Cufco †, Capitale des anciens *Incas* ou Rois du Pérou, dépend de l'Audience de Lima.

3°. Le *Chili* féparé du Pérou & du Paraguai par des vaftes déferts, eft moins riche en métaux ; mais l'air qu'on y reſpire eſt plus pur, plus tempéré, le terroir plus fertile qu'au Pérou, ſi on en excepte la province de Quito. On y voit des moutons très-grands & très-forts. Le Gouverneur réſide à San-Jago †, Capitale : la Conception † a un beau port, & Coquinbo des mines de beau cuivre. Cette terre a été ſouvent arroſée du ſang des Eſpagnols, les peuples originaires étant robuſtes, de haute taille, braves & fort jaloux de leur liberté.

4°. Le *Paraguai* prend ſon nom de la riviere qui le diviſe en oriental & occidental. C'eſt un des beaux pays de l'Amérique. L'air y eſt doux & ſain ; la terre fertile en blé, fruits, coton, cannes à ſucre, &c. & les pâturages y ſont couverts de bétail ; mais les Créoles y ſont ſenſuels & mauvais cultivateurs, & les originaires qui leur obéiſſent, mous & peu laborieux.

Buenos-Aires †, vers l'embouchure de Rio de la Plata, eſt la Capitale du Paraguai & le lieu de la réſidence du Gouverneur. Longitude occ. 60°...... 51'... latitude méridionale 34°..... 36'... L'Aſſomption, Santa-Fé, Saint-Sacrement, & Cordova dans le Tucuman, ſont les autres villes les plus conſidérables du pays.

II.

Le Bréfil, aux Portugais.

Le Prince héréditaire du Portugal porte le titre de Prince du Bréfil. Les Portugais n'ont fait des établiffemens que fur les côtes de ce pays à la diftance d'environ 100 lieues dans l'intérieur. Le refte eft occupé par les Topinanbonz, les Tapuyes & quelques autres nations fauvages qui ne leur font point foumifes. L'air y eft fort fain quoiqu'un peu chaud, les eaux excellentes; le terroir fertile en bons fruits, maïs, tabac, coton & particuliérement en fucre le meilleur de l'Amérique. On y trouve quantité de bétail, des forêts entieres de bois de Bréfil, l'arbre dont la racine eft connue fous le nom d'*ipéca-cuanha*, & un autre dont la féve préparée fe nomme *baume de Copahu*: plufieurs mines de diamans, de topazes, d'éméraudes, d'or & d'argent. Les naturels font auffi ennemis du travail que ceux du Paraguai, mais plus robuftes & plus aguerris.

Le Vice-Roi réfide à San-Salvador, Capitale, fur la baye de tous les Saints. Les autres villes remarquables du Bréfil, font Para, à l'embouchure de la riviere des Amazones, Olinde ou Fernambouc que les Portugais appellent le Paradis de l'Amérique; Porto-Séguro, Rio-Janeiro, &c.

I I I.

Le Pays des Amazones & la Terre-Magellanique.

1°. On ne connoît du vaste *pays des Amazones* que les bords du fleuve de même nom sur lesquels les Espagnols & les Portugais ont quelques habitations & des missions, & où l'on trouve des crocodiles, des tigres, des élans & des singes de toute espece. L'intérieur est couvert de bois & habité, dit-on, par des antropophages dont les femmes passent pour être très-courageuses.

2°. La *Terre Magellanique* aussi peu connue que le pays des Amazones, fut découverte par *Magellan* Portugais de nation. Les chevaux & les taureaux s'y font étrangement multipliés. Les Espagnols les chassent seulement pour le cuir. La partie du sud appellée le pays des *Patagons* est très-froide. Ces sauvages avoient été annoncés par quelques voyageurs pour un peuple de géants. On a reconnu depuis que les Patagons font réellement d'une belle taille, mais que les plus grands d'entr'eux n'excédent pas la hauteur de fix pieds, *& qu'ils n'ont de gigantesque que leur énorme carrure & la gros-*

seur de leur tête. Remarquez le Cap des Vierges, & le Cap de la Victoire.

IV.

Les Principales Montagnes & Rivieres de l'Amérique.

Les plus hautes montagnes connues dans l'ancien continent, font le *Pic d'Adam*, dans l'île de Céilan, & le *Pic de Tenerif* dans l'île de ce nom, une des Canaries. Cependant, quoique fort élevées, ces montagnes le font beaucoup moins que la plupart de celles qui font comprifes dans la chaîne des *Andes* ou des *Cordilleres*, laquelle s'étend du nord au fud de l'Amérique méridionale depuis l'ifthme de Panama, jufqu'à l'extrémité du pays des Patagons, à travers la Caftille d'or, le Pérou & le Chili. La montagne de *Chimboraço* a, fuivant les mefures de M. de la Condamine, 3220 toifes, & celle de *Pitchincha* 2434, de hauteur perpendiculaire fur le fol de Quito, lequel eft élevé lui-même de 1460 toifes au-deffus du niveau de la mer.

Les plus grandes montagnes de l'Amérique, après les Andes, font, 1°. le *Mattogroffo* qui femble être le point de réunion des Cordilleres du Bréfil; 2°. les montagnes de *l'ouest* dans le Canada ; 3°. les montagne d'*Apalache* & d'*Allagany* entre la Louisiane & les Etats-unis.

Les Rivieres.

Il en est des fleuves de l'Amérique comme de ses montagnes. Autant celles-ci excedent en masse & en hauteur les montagnes de notre continent, autant ses fleuves excédent les nôtres en volume. Le *Maragnon* ou la riviere des *Amazones* est le plus grand fleuve du monde. Il prend sa source dans les Cordilleres du Pérou & se décharge dans l'Océan, sous la ligne, par une embouchure de 80 lieues de large, à cause du grand nombre d'îles qu'elle y forme. Sa profondeur est depuis 40 jusqu'à 200 pieds ; sa largeur depuis 2 jusqu'à 4 lieues. Ses bords fourmillent d'une quantité prodigieuse d'êtres mal-faisans & vermineux.

2°. Les plus gros vaisseaux arrivent à Quebec par le fleuve *Saint-Laurent.* On ne connoît pas la source de cette riviere quoiqu'on l'ait remontée jusqu'à 800 lieues. Elle se jette dans la mer du nord par une embouchure de 50 lieues de large, après plusieurs sauts ou cataractes : le saut de Niagara, entre les lacs Erié & Ontario, a plus de 22 toises de haut.

3°. La largeur du *Mississipi* est presque

par-tout d'une lieue, & en quelques endroits de deux : il va se perdre dans le golfe du Mexique après un cours de plus de 600 lieues.

4°. La riviere de la *Plata* ou d'argent est formée par le concours de plusieurs rivieres, & notamment de celles du *Paraguai* & de *Parana*, qui prennent leur source dans les Cordilleres du Brésil.

5°. L'*Orénoque* a sa source dans les monts Popayans, sépare la Castille d'or de la Guiane, & se jette dans l'Océan au-dessous de Saint-Thomas.

V.

Les Iles de l'Amérique.

1°. Les îles du golfe Saint-Laurent, savoir, 1°. *Anticosli* : elle est couverte de bois, sans ports & sans havres. 2°. L'île *Saint-Jean* : elle a de bons pâturages. 3°. L'île *Royale* ; elle est fertile en grains & en légumes. Sa Capitale est Louis-bourg, un des plus beaux ports du nouveau monde. 4°. L'île de *Terre-neuve* à l'ouest du grand banc de ce nom. Plaisance a un bon port. L'intérieur de l'île est habité par des sauvages. 5°. Les petites îles de *Saint-Pierre* & *Miquelon*, au sud-ouest & près de Terre-neuve.

2°. Les *Bermudes* : Saint-George dans

l'île de ce nom en eſt la Capitale. On y fait deux récoltes par an. Elles ſont fertiles en grains, tabac, citrons, oranges, &c. On y éleve des vers-à-ſoie, & on y pêche des tortues d'une grandeur prodigieuſe; mais l'air n'y eſt pas ſain.

3°. Les plus remarquables des îles *Lucayes* ſont la *Providence*, *Bahama* où l'on trouve une eſpece d'araignée qui a ſix yeux & deux pouces de longueur; & *Guanahani* que Colomb appella *San-Salvador*, parce que la découverte de cette île le ſauva de la fureur de ſon équipage.

4°. Les *grandes Antilles* : elles ſont au nombre de quatre: *Cuba*, dont la Capitale eſt la Havane, ville riche & commerçante. Son port eſt un des plus ſûrs, & ſi grand que toutes les flottes du monde entier pourroient y mouiller enſemble. La *Jamaïque*, dont la Capitale eſt Spanish-town, au nord-oueſt du port de Kingſton. *Saint-Domingue*, dont les Capitales ſont San-Domingo ‡, dans la partie de l'eſt : le Cap Français & le Port-au-Prince dans la partie de l'oueſt. *Porco-Rico*, dont la Capitale eſt Saint-Jean. On recueille dans ces îles du ſucre, du cacao, du café, de la vanille, des fruits, du manioc, du maïs, du coton, du tabac, de l'indigo, de la cochenille. On y trouve beaucoup de perroquets. Elles font toutes fujettes à de violens ouragans, & particuliérement la Jamaïque d'où nous vient la plus belle écaille. L'air y eft fort chaud; mal fain dans celle de Saint-Domingue. L'île de Cuba eft la plus grande, la plus montagneufe & la moins fertile des quatre.

5°. Les *petites Antilles*: on les diftingue en îles de *Barlo-vento*, autrement dites *îles du vent* ou *fur le vent*, habitées autrefois par les Caraïbes, & en îles de *Sotto-vento* ou fous le vent. C'eft dans ces îles qu'on trouve le colibri & l'oifeau-mouche. L'air y eft plus chaud & moins fain que dans les grandes Antilles; les productions font à peu-près les mêmes. On n'y connoît que deux faifons, celle des pluyes, depuis la mi-Juillet jufqu'à la mi-Octobre, & celle de la fechereffe (a).

______

(a) En général, dans prefque tous les pays fitués entre les Tropiques, l'année peut être divifée en deux faifons, la faifon feche, & la faifon pluvieufe & orageufe. C'eft celle-ci qui fait l'hiver, quoiqu'alors le foleil foit perpendiculaire fur l'horifon. Cette régle varie felon la fituation des lieux par rapport aux montagnes, à leur étendue & à leur hauteur. Par exemple, fur les côtes de Malabar & de Coromandel, qui ne font féparées que par la chaîne des Gattes, on éprouve en même-tems les deux faifons. La faifon des pluyes commence fur la côte de Malabar avec les vents alizés appelés

Les îles *du vent* font, du nord au fud, Saint-*Thomas*, Saint-*Jean*, les *Vierges*, Sainte-*Croix*, l'*Anguille*, Saint-*Martin*, Saint-*Barthélemi*, l'île de *Saba*, la *Barboude*, Saint-*Euftache*, *Nevis*, *Antigoa*, Mont-*Serrat*, la *Guadeloupe* divifée par un bras de mer en deux parties, favoir, la *grande-terre* au nord-oueft, & la *baffeterre*, ou la *Guadeloupe* proprement dite au fud-oueft, plus fertile que la grande-terre & plus faine à caufe de fes hautes montagnes. Les eaux y font excellentes. La *Defirade*, les *Saintes*, *Mari-galande*, la *Dominique*; la *Martinique*, dont la Capitale eft Fort-Royal, au fud-eft du fort Saint-Pierre; Sainte-*Lucie*, Saint-*Vincent*, la *Barbade*, la *Grenade* & les *Grenadins*, *Tabago* & quelques autres peu confidérables.

Les îles *fous le vent* font, de l'eft à l'oueft, la *Trinité*, la *Marguerite*, *Bon-aire*, *Curaçao*, *Oruba* & quelques autres.

6°. L'île de *Cayenne* près des côtes de la Guiane. Elle eft fameufe par les expériences de M. Richer fur la pefanteur.

---

mouffons de fud-oueft, vers la mi-Avril, & finit vers la mi-Octobre. Dans le même tems que l'été s'ouvre fur la côte de Malabar, la faifon orageufe commence fur la côte de Coromandel avec les vents mouffons de nord-eft, & ne finit que vers la mi-Février.

7°.

7°. Les îles *Malouines* peu considérables ; & la *Terre de Feu* séparée du continent par le détroit dangereux & difficile de Magellan (*a*). Les marins préférent le détroit de le Maire qui sépare la Terre de Feu de l'île *des États*. La Terre de Feu est habitée par des sauvages, couverte de bois & pleine de montagnes, dont la plupart sont des volcans.

8°. Les îles de la mer du sud, en très-grand nombre, parmi lesquelles on peut remarquer, 1°. l'île de *Chiloé* près des côtes du Chili. Il y a beaucoup d'ambre gris. 2°. La Nouvelle *Zélande* séparée en deux par le détroit de Cook. 3°. Les îles *Galapes* ou des *Tortues*, sous la ligne. 4°. L'île de *Taiti*, une des îles de la société. 5°. Les îles des *Amis* dont la principale est Roterdam. 6°. Enfin les îles *Sandwik* dont la plus remarquable est *Owhi-hée* où le Capitaine Cook a été tué & mangé en Février 1779. Sa longitude occ. est de 163°.. 25'..... sa latitude 21°.... 10'....

(*a*) Magellan ayant été offrir ses services à Charles-Quint, ce Prince lui donna cinq vaisseaux avec lesquels il entra dans la mer Pacifique par le détroit qui porte son nom. Ce célèbre navigateur fut massacré dans l'île de *Sebu* une des Philippines. Son vaisseau la *victoire* revint seul à Séville, d'où il étoit parti, par le Cap de Bonne-Espérance, & fut le premier qui fit le tour du monde.

K

Tous les voyageurs qui ont visité les îles des Tropiques, ont observé qu'elles étoient presque toutes habitées par des peuples plus ou moins avancés dans la civilisation, paisibles, généreux & hospitaliers.

Iles Espagnoles.

Les Espagnols possédent, 1°. l'île de *Cuba* ; ils en tirent beaucoup de sucre & le tabac, dit tabac d'Espagne. 2°. La partie orientale de l'île de *Saint-Domingue*. On y trouve des mines d'or, d'argent, de fer, de cuivre, de soufre & d'antimoine. 3°. *Porto Rico*. 4°. La *Trinité*. 5°. La *Marguerite*, ainsi appelée des perles qu'on pêche sur ses côtes. Elle abonde d'ailleurs en sel.

Iles Françaises.

Les Français sont en possession des îles *Saint-Pierre* & *Miquelon* & du droit de pêche autour de *Terre-neuve*, depuis le Cap Raye, à l'ouest, en passant par le nord, jusqu'au Cap Saint-Jean. 2°. La partie occidentale de l'île *Saint-Domingue* dont le tabac est renommé. Il y a un Conseil supérieur au Cap pour le quartier du nord : celui de la partie du sud est à Léogane où l'air est moins sain. 3°. La *Guadeloupe* avec la *Desirade*, les *Saintes* & *Marie-Galande*. 4°. La *Martinique* ; c'est la Colonie Française la plus floriffante. Elle eft très-fertile & peuplée d'environ foixante & dix mille habitans ; mais il en eft de cette île comme de toutes les autres Antilles : les ferpens, les fourmis & d'autres infeétes qu'on appele *Chics* & *Marin-gouins* en rendent le féjour incommode. Le Fort Royal eft la réfidence du Gouverneur-Général des Antilles Françaifes, & le fiége d'un Confeil fupérieur.

5°. *Sainte-Lucie* : l'air n'y eft pas fain. On en tire beaucoup de bois de marqueterie, dit de Sainte-Lucie. 6°. *Tabago*, peu fertile.

7°. *Cayenne* eft la Capitale de l'île de ce nom & de la Guiane Française, & le fiége d'un Confeil fouverain. Elle eft fertile en bon café, en roucou, &c. mais elle nourrit beaucoup de ferpens dangereux, & l'air n'y eft pas fain.

Iles Anglaifes.

Les Anglais poffédent, 1°. l'île *Anticofti*, l'île de *Terre-neuve*, l'île *Saint-Jean* & l'île *Royale*. Ils en tirent des pelleteries & des bois de conftruction. 2°. Les *Bermudes*. 3°. Les *Lucayes* : ils n'ont d'établiffemens que dans la Providence.

4°. La Jamaïque : elle eft très-fertile & bien fortifiée. On y compte 60 mille blancs, & plus de 100 mille négres.

K ij

5°. Les *Vierges*, *Languille*, *Saint-Christophe*, la *Barboude*, *Antigoa* & la *Dominique*.

6°. La *Barbade*, la plus belle Colonie Anglaise après la Jamaïque. Elle manque d'eau.

7°. *Saint-Vincent* dont le tabac est renommé: l'air y est mal sain. 8°. La *Grenade* & les *Grenadins* & les îles *Malouines*.

Les Anglais ont encore quelques petits établissemens dans la Baye de Honduras pour la coupe du bois de campêche.

Iles Hollandaises.

Les Hollandais possédent l'île *Saint-Martin* abondante en sel, mais où il n'y a ni ports ni rivieres. L'île de *Saba*, *Saint-Eustache*, *Bon-aire*, *Curaçao* & *Oruba*.

Iles Danoises & Prussiennes.

Les Danois possédent *Saint-Jean* & *Sainte-Croix*. Ils partagent avec les Prussiens l'île *Saint-Thomas*, fertile en sucre, en coton & en tabac.

Iles Suédoises.

La Suéde posséde l'île *Saint-Barthélemi* depuis la cession que la France lui a faite de cette île par le traité de commerce conclu entre ces deux Puissances en 1784.

Abrégé du Calendrier Romain, où l'on voit les différentes manieres de compter les douze mois de l'Année.

J A N V I E R, M A R S, M A I, J U I L L E T, A O Û T, O C T O B R E, D É C E M B R E.

* KALENDIS.	1	16 Kal.	17
6 Nonas (antè.)	2	15	18
5	3	14	19
4	4	13	20
3	5	12	21
Pridie Nonas.	6	11	22
* Nonis.	7	10	23
8 Idus (antè.)	8	9	24
7	9	8	25
6	10	7	26
5	11	6	27
4	12	5	28
3	13	4	29
Pridie Idus.	14	3	30
* Idibus.	15	Pridie Kal. (antè.)	31
17 Kal. (antè.)	16		

F É V R I E R.

* KAL.	1	Pridie Idus.	12
4 Non.	2	* Idibus.	13
3 Non.	3	16 Kal.	14
Pridie Non.	4	15	15
* Nonis.	5	14	16
8 Idus.	6	13	17
7	7	12	18
6	8	11	19
5	9	10	20
4	10	9	21
3	11	8	22

7	23	4	26
Sexto Kal.	24	3	27
Bis Sexto Kal.		Pridie Kal.	28
5	25		

AVRIL, JUIN, SEPTEMBRE, NOVEMBRE.

* KAL.	1	16	16
4 Non.	2	15	17
3	3	14	18
Pridie Nonas.	4	13	19
* Nonis.	5	12	20
8 Idus.	6	11	21
7	7	10	22
6	8	9	23
5	9	8	24
4	10	7	25
3	11	6	26
Pridie Idus.	12	5	27
* Idibus.	13	4	28
18 Kal.	14	3	29
17	15	Pridie Kal.	30

TABLE
DES MATIERES.

PREMIERE PARTIE.

SECONDE PARTIE.

K iv

TROISIEME PARTIE.

L'Europe.   37

ETATS DU MIDI DE L'EUROPE.

ETATS DU MILIEU DE L'EUROPE.

ETATS DU NORD DE L'EUROPE.

QUATRIEME PARTIE.

L'ASIE.

CINQUIEME PARTIE.

SIXIEME PARTIE.

Fin de la Table des Matieres.

sept, à peine de déchéance de la présente Permission ;
qu'avant de l'exposer en vente, le Manuscrit qui aura servi
de copie à l'impression dudit Ouvrage, sera remis dans le
même état où l'Approbation y aura été donnée, ès-mains
de notre très-cher & féal Chevalier, Garde des Sceaux de
France le Sieur HUE DE MIROMESNIL, Commandeur de
nos Ordres; & qu'il en sera ensuite remis deux Exemplaires dans notre Bibliotheque publique, un dans celle
de notre Château du Louvre, un dans celle de notre très-
cher & féal Chevalier Chancelier de France, le sieur
DE MAUPEOU, & un dans celle dudit Sieur HUE DE
MIROMESNIL; le tout à peine de nullité des Présentes; du
contenu desquelles vous mandons & enjoignons de faire
jouir ledit Exposant & ses ayant-causes, pleinement &
paisiblement, sans souffrir qu'il leur soit fait aucun trouble
ou empêchement. Voulons qu'à la copie des Présentes
qui sera imprimée tout au long, au commencement ou à
la fin dudit Ouvrage, foi soit ajoutée comme à l'original.
Commandons au premier notre Huissier ou Sergent sur
ce requis, de faire, pour l'exécution d'icelles, tous
actes requis & nécessaires, sans demander autre permission,
& nonobstant clameur de Haro, Charte Normande, &
Lettres à ce contraires: Car tel est notre plaisir. Donné à
Fontainebleau, le vingt-neuvieme jour du mois d'Octobre,
l'an de grace mil sept-cent quatre vingt-trois, & de notre
Regne le dixieme. Par le Roi en son Conseil.

Signé, LE BEGUE.

Registré sur le Registre XXI de la Chambre Royale &
Syndicale des Libraires & Imprimeurs de Paris, N°. 3059,
fol. 973, conformément aux dispositions énoncées en la pré-
sente Permission, & à la charge de remettre à ladite Chambre
les huit exemplaires prescrits par l'article VIII du Réglement
de 1733. A Paris ce 11 Mars 1785.

Signé, LE CLERC, Syndic.

De l'Imprimerie de CHARDON, rue de la Harpe.

9 782329 393940